NOTES

SUR L'OUVRAGE

DU GÉNÉRAL BERTHEZÈNE.

NOTES

SUR L'OUVRAGE

Du Général Berthezène.

INTITULÉ:

DIX-HUIT MOIS A ALGER,

OU

RÉCIT DES ÉVÉNEMENS QUI S'Y SONT PASSÉS DEPUIS LE 14 JUIN
1830, JOUR DU DÉBARQUEMENT DE L'ARMÉE FRANÇAISE JUSQU'A
LA FIN DE DÉCEMBRE 1831; A MONTPELLIER, CHEZ AUGUSTE
RICARD, PLACE DE D'ANCIVADE,

Par le Lieutenant-Général M.-J.-R. Delort,

EX-CHEF D'ÉTAT-MAJOR DE L'ARMÉE D'AFRIQUE, SOUS LES ORDRES DU GÉNÉRAL,
AUJOURD'HUI MARÉCHAL CLAUZEL.

PARIS,

IMPRIMERIE DE J.-A. BOUDON,

131, RUE MONTMARTRE.

1834.

AVIS DU RÉDACTEUR DES NOTES.

Dans l'oisiveté occupée de sa retraite à Versailles, le rédacteur des notes reçut du maréchal Clauzel l'ouvrage du
général Berthezène, avec l'invitation de le lire et de venir en
causer à son loisir : c'était dans le mois d'avril. Le pamphlet
fut lu rapidement et reporté à Paris au maréchal. Là, à
quelques jours d'intervalle, dans une lecture commune, il fut
discuté et réfuté verbalement, page par page, par le maréchal. Tous ses amis avaient, bien antérieurement, insisté
pour ne pas laisser sans réponse un ouvrage qui se présen-
tait avec tous les caractères d'une accusation grave, si les
faits étaient vrais ; d'un libelle, s'ils n'étaient que le produit
de la calomnie, ou, tout au moins, comme les produits fan-
tastiques d'un cerveau malade, transformant des illusions en
réalités.

« Voilà, général, vos fonctions de chef d'état-major qui
vont revivre, si je me décide à répondre. » — A vos ordres,
monsieur le maréchal ; je ne répudie pas des fonctions de fait,
alors même qu'elles ont cessé d'être de droit ; et, dans mon
opinion, tous vos amis ont raison de persister à vous conseil-

ler une défense. — « Je la décide ; voilà de nouveau l'ouvrage du général Berthezène.—Je l'accepte, autant comme
homme de conscience que comme chef d'état-major de l'armée d'Alger ; sous ce double rapport, témoin tous les jours
de tout ce qui s'y est passé, du 2 septembre 1850 au 22 février 1851. C'est donc de conviction propre que je rédigerai
les réponses que vous venez de faire, page par page, à l'accusation. Vous le savez, monsieur le maréchal ; les intentions,
les volontés que le général en chef manifeste verbalement
au chef d'état-major, celui-ci les transmet toutes à qui de
droit, sous la responsabilité de sa signature. Vous le savez
encore ; il a autant d'improbations que de louanges à transmettre. La délicatesse de pareils rapports, avec tant et si
diverses susceptibilités, lui impose la vivacité de l'expression
dans la louange et l'expression atténuée dans le blâme. Et
pour sortir de ces mœurs habituelles, dans le dernier cas, il
ne faut rien moins qu'une volonté contraire, exprimée for-
tement et formellement par le général en chef à cet
égard.

Moi, l'ancien chef d'état-major de l'armée d'Alger à vos
ordres, et par la puissance de la fiction dont il vient d'être
parlé, et que j'adopte parce que je la crois de droit, je puis
vous assurer que vos intentions seront remplies à ce sujet
comme si vous commandiez encore à Alger et que je fusse
sous vos ordres ; ainsi, ou mon libre arbitre, ou vos com-
mandemens.

« Moi inoffensif à l'égard de tous, dans toute ma longue

» carrière militaire, je suis attaqué avec des insinuations trop
» perfides, par des coups trop directs pour ne pas éclater ;
» rester dans les termes d'une urbanité qu'on ne doit jamais
» dépouiller le premier, mais qu'il serait d'une dupe d'oppo-
» ser à des attaques acrimonieuses ; mais, l'irritation dans le
» cœur, adopter la modération des expressions, serait four-
» berie et laisserait croire à l'attaque qu'on demande grâce
» à la persistance de ses poursuites, tout en voulant donner
» à l'opinion publique une satisfaction fallacieuse et hypocrite
» par un simulacre de défense, par un duel où l'offensé ré-
» pondrait par un coup de pistolet chargé à poudre, à un
» coup de canon à mitraille ; coup pour coup et de même
» nature ; il faut pousser à bout et arriver à un fait décisif,
» — Je comprends bien. »

C'est sous l'influence de ces inspirations que s'est assimi-
lées l'auteur, que les notes ont été rédigées.

INTRODUCTION.

C'est une situation qui n'est pas à désirer, que celle d'un homme paisible et inoffensif, appelé malgré lui à descendre en champ clos, pour répondre à des accusations, qu'il n'a provoquées ni directement ni indirectement.

Il convient aux journaux d'attaquer l'administration de dix-huit mois du général Berthezène, à Alger, de ne pas louer ses opérations militaires. A cela, pour toute justification, acte d'accusation du général Berthezène contre le général Clauzel, son prédécesseur, comme si c'était réponse à tout. Alors même que l'accusation, ou les accusations, seraient prouvées, il est fort douteux que la critique des journaux, si elle avait à se renouveller, en fût radoucie, à moins que le général accusateur, à ses incriminations, qui ne font rien à son affaire, n'ajoutât une défense plus directe et plus concluante de sa conduite et de ses opérations. Ce n'est plus le temps où la queue coupée du chien d'Alcibiade occupait les Athéniens, pour faire diversion aux écarts du maître.

Mais l'homme, qui livre une réponse imprimée, a-t-il quelque chance d'être lu? peut-il concevoir l'espérance d'exciter quelqu'attention, de l'obtenir de l'opinion sur des faits personnels? Le public n'a-t-il pas mieux à faire, dans les circonstances où se trouve la France, que d'écouter, attentif, les débats de deux généraux? A toutes ces questions, que fait naître l'exiguïté relative de la cause, il faut répondre : vous crierez dans le désert. Mais alors, pourquoi répondre? C'est la grande question que s'est faite bien souvent le général Clauzel, aujourd'hui maréchal, avant de se décider à la défense, mais il s'est dit : Plus tard peut-être, le public, alors qu'il ne saura que faire momentanément, si les picoteries se renouvelaient, voudra-t-il apprécier l'attaque et la défense. C'est un passe-temps comme un autre, dans certains momens d'oisiveté. Dans cette hypothèse, il aura les pièces sous les yeux. Autre motif, en s'abstenant de répondre, le maréchal Clauzel semblerait donner à l'accusation l'autorité de la chose jugée.

A cette considération s'en joint une nouvelle ; les

amis, vrais ou faux de l'accusateur, ne pourront plus l'entendre se vanter d'être fort à ce point, dans ses agressions, que d'avoir forcé le maréchal au silence. Il cessera peut-être de rire des tribulations qu'il croit lui avoir données.

Ne peut qui veut, s'est dit le maréchal, et celle-ci est la meilleure raison, rendre vains, par le silence, les coups de la calomnie la moins adroite, ou de la sottise la mieux caractérisée. Dans ce silence, on ne connaît, jusqu'à présent, que deux personnages qui, sans s'être défendus, ne portent pas des cicatrices de ces coups de nature diverse, Napoléon et le général Lafayette; Napoléon, parce qu'il ne peuvent atteindre à la hauteur où il s'est placé; Lafayette, parce qu'il s'est fait une épaisse cuirasse de toutes ses vertus de citoyen, exercées pendant cinquante cinq ans, et dans les circonstances les plus critiques, les plus solennelles, les plus décisives. Qu'on en cite un autre !

Il faut donc ne pas être humilié de se trouver dans les conditions de tous, et tous, excepté les deux renommées qu'on vient de citer, ont besoin de se défendre si on les attaque. Cette condition commune ne saurait rabaisser le maréchal, et nous croyons qu'il se glorifiera même d'être réduit à la défense , si le public consent à l'entendre.

Le maréchal, pressé par ces circonstances, et cédant aux instances réitérées de ses amis , s'est déterminé à confier, à son chef d'état-major, le soin d'opposer la vérité des faits à des assertions erronnées et de faire ressortir le vague, le mauvais vouloir et même le ridicule qui domine dans ce pamphlet.

La réponse, page par page, à la brochure du général Berthezène, suppose que le lecteur l'a sous les yeux. Si on avait transcrit le livre tout entier pour le réfuter, il y aurait eu l'inconvénient de faire une nouvelle édition, qui n'aurait pas tourné au profit du général auteur, et qui aurait pu être arguée de contrefaçon.

ÉPIGRAPHE.

—

Quæque ipse vidi
et quorum pars fui.

Point de pudeur virginale, s'il vous convient
de supprimer *miserrima*, restituez *magna*.

AVERTISSEMENT DE L'AUTEUR.

L'ajournement en 1834 de l'impression d'un ouvrage, palpitant pour l'auteur de l'intérêt du moment, ouvrage qui aurait du paraître en mars 1832, ne s'explique pas suffisamment par les troubles du midi et de l'ouest; l'auteur n'était pas employé à les étouffer, les presses n'étaient ni saisies, ni réduites au silence; on en trouve mieux le motif dans l'embarras momentané du héros auteur. Comment ne pas faire mention, l'état des choses subsistant, du prince de Joinville qui était venu passer quarante-huit heures dans la rade et dans les murs d'Alger? comment ne pas rendre hommage à la bienfaisance d'un cœur de quatorze ans...... Mais si les mouve-

mens carlistes avaient de la p rtée, mais si la du-
chesse de Berry allait réussir à ramener son fils,
comment se justifier d'avoir cité avec une attention
plus qu'empressée, le fils de l'usurpateur deuxième?
Il faut se résigner au plus sûr; attendons; les événe-
ments futurs décideront de l'intégrité du manus-
crit ou de ses mutilations par le grattoir.

Chapitre premier, page 9.

Qu'a de commun la prise d'Alger par le général
Berthezène, subsidiairement par le général Bourmont, avec la hauteur du petit Atlas au col du
Tœnia? préoccupation désobligeante pour le général Clauzel, manifestée dès les trois premières pages
du premier chapitre; il eût été plus adroit de continuer sans interruption le piédestal de sa propre
statue, et de placer en son lieu, et selon l'ordre des
temps, l'innocence de ses épigrammes contre le général Clauzel. Alors les bonnes gens, tout comme
les gens un peu enclins à la malice, auraient dit
unanimes: le général Berthezène sait se rendre justice, et unanimes encore, sait faire justice du général
Clauzel. Ajoutons, en revenant sur l'élévation du col
de Tænia, que personne n'a dit que le petit Atlas
eût la hauteur du dominateur des Cordilières, ou
mieux encore la taille du géant des montagnes du
Tibet, et, pour en finir, ajoutons, que le général
Clauzel, dans son expédition de Médéah, n'avait ni

son métier à apprendre ni sa réputation à faire ou à refaire.

Même page, polémique entre l'opposition et le ministère.

Personne n'est battu dans une polémique qui n'éclaircit pas une question.

En bonne logique, ni le ministère qui défendait l'expédition, ni l'opposition qui l'attaquait, ne comprenait ou ne voulait comprendre la question, puisqu'aucun des deux ne sut ou ne voulut l'éclaircir.

Page 12 (note).

En effet, la famille *Yaïa* ne doit plus posséder la maison carrée, puisqu'elle est affermée à perpétuité au général Clauzel, et affermée avec toute les formes authentiques prescrites à Alger, par les lois qui régissent la transmission des jouissances immobilières.

Page 15.

L'auteur a bien vite oublié l'engagement pris à son début, à savoir, de beaucoup parler des choses et peu des personnes; nous ne sommes qu'à la quinzième page, et déjà nous avons eu à annoter, deux insinuations aussi fausses que désobligeantes sur le général Clauzel, et en voici une troisième beaucoup moins que bienveillante sur M. Deval.

Page 16.

Qui diable a jamais contesté à M. de la Bretonnière, la manière honorable dont il a rempli sa mission à Alger ; la réflexion de l'auteur pourrait élever des doutes à cet égard , si l'on se confiait à la légèreté de ces caquets.

Page 24.

Avant de parler des opérations de l'armée d'Afrique , et même de la *bataille* de *Staoli*, qu'il place, sans façon en fleuron de sa couronne, le général Berthezène n'est occupé que de nier la possibilité de la culture du café, du sucre, de l'indigo dans la régence d'Alger. La discussion n'est pas là à sa place. Mais, dès les premières pages, il fallait insinuer qu'à la lettre, le général Clauzel n'a pas le sens commun, qu'heureusement le général Berthezène a pu rester à Alger, pour prémunir la métropole contre des opinions aussi fausses aujourd'hui, qu'elles ont été d'abord hasardées ; heureusement pour la France, il faut le répéter, un homme s'est rencontré, d'une perspicacité, d'une supériorité avouée de tous , et le mal a été prévenu.

Page 26.

L'immense quantité d'orangers à taille gigantesque que nous avons tous vus à Blida, lors de l'expédition de Médéah, et que le général Berthezène aurait pu voir, s'il s'était approché de cette ville pour faire acte de maître, comme le fit le général Clauzel, malgré les protestations des tribus qui dominent la cité, cette immense quantité d'orangers surchargés de fruits attestent que les froids qui les tuent, n'ont pas affligé le pays depuis bien des années, et qu'ils sont très rares, s'il en a jamais existé : beaucoup plus rares que les froids qui ont gelé à différentes époques l'Adriatique, la mer de Gênes, les bouches du Rhône à Arles, la mer de Marseille. On n'a pas encore dit que la Provence ne fût pas propre à la culture de l'olivier, par ce que de 1709 à 1810, les froids les ont tués deux fois.

Page 27.

Observation piquante sur des souvenirs confus de collége, dit-on, pour prouver la fertilité du territoire d'Alger, mais aussi pour constater l'infaillibilité de ses souvenirs d'homme mûri dans les études historiques, géographiques, et même statistiques ; le général auteur cite plusieurs fois, dans le courant de l'ouvrage, Byzantium pour *Byzancium* ou *Byzacena* deux mots qui s'appliquent et à un pays et à sa capitale. Pour le général Clauzel, une pareille erreur eût été un souvenir confus de collége ; pour le géographe, auteur *De dix-huit mois à Alger,* ce ne sera qu'une erreur de prote, c'est le privilége

du savoir,qu'il en use, c'est justice. Il pourra d'autant mieux l'invoquer, que le prote, aux pièces justificatives s'est avisé d'écrire le mot très-exactement.

Au reste, nous gens d'épée, comme on disait
autrefois ou sabreurs comme on dit aujourd'hui
avec moins d'urbanité, prenons des épigraphes
qui s'appliquent peu ou prou au sujet, c'est de
mode, de bon ton; cela donne du relief et laisse
après soi un léger parfum d'érudition tout-à-fait de
bon goût. M. le général Berthezène nous permettra
à propos des citations qu'il met au jour, en les rac-
courcissant et se les rendant personnelles à volonté,
d'user du même privilége, et de dire, comme M. de
l'Empirée au confident de ses travaux littéraires :

Le savoir de Monsieur, à bon droit, m'épouvante.

Mais, le savoir de Monsieur nous l'avons trouvé
tout au long dans l'ouvrage de Shaw, édition de
La Haye, 1743. Ainsi, ne nous avanturons pas
trop dans les profondeurs des recherches anciennes, éloignons de trop savantes discussions, fran-
chement, comme le disait, dans son premier re-
fus naïf le maréchal de Saxe, qu'on voulait faire et
qu'on fit académicien, malgré lui : « Cela nous irait
« comme une bague à la patte d'un chat. »

Bon nombre de volumes de polémique, même
entre gens familiarisés avec tous les auteurs grecs et
latins, ne suffiraient pas pour donner un aperçu de
ce qu'on appelle aujourd'hui l'Afrique, depuis les
confins ouest de l'Egypte jusqu'à l'Océan atlantique,
pour établir clairement par époque, antérieurement

à la destruction de Carthage , 146 ans avant Jésus-Christ, les limites de quelques grands états, comme Carthage par exemple, l'étendue de leur domination sur des états secondaires , qui, dans leur indépendance de droit, étaient sous beaucoup de rapports dépendans de fait.

Ce n'est qu'après que Rome eut dominé sur l'Afrique entière, que vous pouvez avoir des notions assez justes sur les limites des pays secondaires et sur l'espèce de subordination d'un pays à l'égard de l'autre.

Selon vous, les auteurs ne constatent que la fertilité du Byzacène; ce n'est pas un pays de 250,000 milles pas de circonférence qui aurait pu nourrir l'Afrique et l'Italie. Interrogez les témoins muets qui ne peuvent ni se tromper ni être trompés. Interrogez, vous dis-je, la poussière et les cadavres de tant de villes superbes, immenses par leur étendue, qui se pressaient sur la côte d'Afrique depuis Carthage jusqu'à la Moritanie-Tingitane , dans une épaisseur de vingt-cinq à trente lieues, ils vous diront que bien loin des temps modernes, il fallait nourrir une population innombrable d'hommes libres , plus innombrable encore d'esclaves, qu'il fallait trouver dans la fertilité du sol toutes leurs subsistances; nulle part vous ne lirez que l'Afrique ait été nourrie de l'Italie, de la Sicile , de l'Espagne , et vous trouverez que l'Afrique concourait à nourrir le peuple romain : voilà qui paraît plus concluant que l'oubli de la Mitidja sur l'itinéraire d'Antonin, itinéraire qui

n'est pas de lui, selon les meilleurs critiques;
l'auteur en est inconnu. Et quand des modernes, qui ont pu voir, citent la Mitidja comme nour-
rissant un million d'hommes, vous les repoussez
avec dédain. Quelle autorité nous donnez-vous pour
le justifier, ce dédain ? Le silence d'un itinéraire
sans nom d'auteur. Sans doute les assertions modernes peuvent n'être que le produit de l'erreur ou
de l'exagération ; mais vous ne le prouvez que par
votre dénégation, vous et votre dénégation vous
ne la rendrez pas même probable. Ainsi permettez-
nous de ne pas jurer *in verba magistri*.

Pages 39 et 40.

Il est fort douteux que les Français, l'auteur com-
pris, voulussent être jugés lestement, et en manière
sommaire au civil et au criminel, comme le sont
tous les Musulmans, plutôt que de subir les lenteurs
de la justice européenne. Garo voulait les citrouilles
au haut des chênes et pourtant prétendait dormir
sous leur ombrage.

Chapitre 2, page 47.

L'enthousiasme qu'excita à Toulon la présence
du dauphin, que l'auteur partagea sans doute, et
l'exil qu'il subit trois mois après, comme le remarque très philosophiquement le général auteur, est
un grand enseignement. Oui, il est bon que chacun

s'humilie, se rapetisse et cherche à bien connaître, indépendamment de sa pesanteur spécifique, sa valeur intrinsèque, pour ne pas être dupe de protestations hypocrites, impertinentes dans leur hypocrisie respectueuse ; protestations fallacieuses qui donnent à penser qu'on est un grand prince, un grand administrateur, un grand homme d'état, un grand capitaine ; il faut le répéter, quelle que soit la position d'un homme, qu'il s'humilie, qu'il se rabaisse hélas ! son amour propre haussera toujours sa taille de l'épaisseur de la semelle du cothurne qu'il aura chaussé !

Page 48.

L'amiral est l'objet des observations les moins bienveillantes ; encore une personne et pas de choses.

On s'attendait à des grâces, poursuit l'auteur, (style de la restauration) mais les espérances furent déçues. Sous la république et sous l'empereur, il ne venait dans la pensée de personne d'être récompensé par anticipation.

Qu'y avait-il donc d'aventureux d'aller débarquer sur une côte éloignée des nôtre de la distance de Paris à Lyon ?

L'expédition d'Egypte, l'expédition d'Irlande, tout au travers des flottes de l'Angleterre, l'expédition de St-Domingue, les expéditions pour ruiner les colonies anglaises, celles-là, on aurait pu les qualifier d'avantureuses, mais on s'en gardait bien alors.

Des excitations, non justifiées par la grandeur du péril, sont bonnes à faire circuler dans un ordre du jour au moment de s'embarquer ou au moment du débarquement. L'exagération de l'expression trouve bien là sa place; mais quatre ans après, mais pour son propre compte, un officier général historien... ah ! *risum.....*

Chapitre 3, page 67.

Les seize pièces et les deux mortiers clos dans la redoute fermée de Sydi-Feruch n'auraient produit aucun effet, et le feu successif de trente vaisseaux de lignes ou frégates les auraient bientôt réduits au silence; ils seraient tombés au pouvoir des premiers pelotons débarqués.

En évacuant le fort, qui ne pouvait lutter contre l'artillerie des vaisseaux, Ibrahim a probablement fait par nécessité, et pour avoir de l'artillerie dans les positions à mi-versant, ce qu'un homme de guerre expérimenté aurait fait pour sauver son artillerie, destinée qu'elle était à être inoffensive. Impossible, en effet, d'empêcher la mise à terre de troupes de débarquement et leur formation, lorsqu'on a pu les protéger d'un feu supérieur; ce n'est qu'au moment où les premières troupes mises à terre, sont forcées de s'aventurer hors de la protection des feux qui les couvrent, pour faire place à celles qui doivent les suivre et les compléter, ce n'est qu'alors que l'opération de débarquement court des chances malheureuses, c'est cet espace de temps de très peu d'heures (une ou deux) que les défenseurs de la côte doivent saisir, pour avoir raison des troupes qui sont débarquées imcomplètes. Dans cet instant rapidement fugitif, une attaque bien décidée sur les flancs, et même sur le centre, peut provoquer une panique, qui, de la première ligne se communique à la seconde en formation : cette panique conduit toutes les troupes débarquées sur le rivage, les pieds dans l'eau, pour être mieux protégées du feu des vaisseaux qu'elles veulent regagner; et, il n'est pas sans exemple que tous se soient jetés à la nage, sans se demander s'ils savaient nager. Passé ces instans, les chances sont égales ; reste seulement la différence du nombre, l'espèce des soldats, l'habileté d'un des chefs, l'ineptie de l'autre.

Pages 74 et 75.

Le 14 au soir l'armée a pris position en face du camp de Staoli, avec perte de 24 morts et de 188 blessés.

L'auteur parle d'une fausse alerte; il aurait fallu en dire les résultats quels qu'ils aient été. L'alerte a-t-elle été générale dans les deux divisions? Dans une seule, dans une brigade, dans un régiment? lorsqu'on s'annonce, comme n'écrivant que pour être utile, il faut chercher à l'être, en ne se dévouant pas à la stérilité des renseignemens.

On aurait dû dire, combien l'ennemi avait de cavalerie, pour que vingt mille hommes d'infanterie française, couverts d'artillerie et de mouvemens de terre aient pu concevoir des craintes. Les trois premières campagnes de la révolution se sont faites presque sans cavalerie, si on la compare à la nombreuse, belle et bonne cavalerie prussienne, autrichienne et de l'empire germanique. A cette époque, soldats, officiers et généraux ne tenaient pas compte de cette différence.

Mais la fière cavalerie des mamelucks, dont l'impétuosité venait expirer au pied des carrés de l'armée française en Egypte !

Mais l'exclamation de Mourad-Bey pour justifier l'insuccès de sa cavalerie : « Ces hommes tiennent « les uns aux autres par des chaînes de fer! » ne vous a pas donné un souvenir inspirateur, pour, s'il en était besoin, rappeler l'attitude de leurs pères en pareille situation aux soldats d'Afrique, que vous représentez comme touchant à la *démoralisation* dès les premiers jours de leur débarquement. Grands dieux! quel aveu! il faut que la tête de l'armée se sépare pour quelque temps des tapis de la cour, et qu'elle aille piétiner dans la boue et dans la poussière des camps, hors de la portée des grandes cités ; elle a besoin d'un nouvel apprentissage, qu'elle aille le faire, elle n'est plus d'acier, sa trempe est molle et flasque, il faut la retremper (1).

---

(1) Il est inutile de dire , à ceux qui ont l'avis du rédacteur , en tête de ses notes, que cette fin de paragraphe est d'exprès commandement. Nous la rappellerons , cette note, lorsque l'occasion s'en présentera.

Pages 76 et 77.

Le 18 juin, l'armée avait débarqué depuis cinq jours, le général Labitte avait pu être au commencement de l'action du 19 avec une artillerie respectable ; vous êtes prévenu depuis trois jours par les mouvemens de l'ennemi, que vous allez être attaqué, vous l'êtes encore le 18 par un scheick, le même jour, par un Arabe transfuge, et, le lendemain, vous subissez l'offensive au lieu d'en prendre l'initiative. Il peut y avoir de très-bonnes raisons pour justifier la défensive, mais il fallait les faire connaître, sous peine d'être condamné par contumace.

Page 80.

Pourquoi le 28ᵉ est-il en l'air au combat de Staoli ? quel événement l'avait mis dans cette position critique ? qui voudrait en douter ? Le général Berthezène est trop habile pour l'avoir placé dans cette situation. Il y avait là des explications à donner, ou pour son compte, ou pour le compte des autres. On a hissé son pavillon, on veut être utile en écrivant, qu'on parle donc et qu'on professe.

Pages 81 et 82.

Le mouvement du général Monck-d'Uzer, quoique lent, par la nécessité d'un grand détour, détermina, malgré qu'il ne fût dirigé qu'à longue portée sur les

derrières de l'ennemi, sa retraite précipitée. Le passage de l'Ouedel-Bagras, effectué de vive force, Ibrahim n'était pas homme à faire sien l'axiôme du duc de Dantzick, qui, sous ce nom semi-féodal, était toujours resté le général Lefebvre. « Par Dieu,
» conscrit, si, comme tu le dis, nous sommes tour-
» nés par cette colonne que tu me montres là-bas,
» sacré Dieu, mon camarade, nous la retourne-
» rons. »

Page 83.

Nous ne savons pas, même par approximation, le nombre d'hommes qu'on a eus à combattre ; nous n'avons aucun détail sur la division des troupes maures en infanterie et en cavalerie; seulement, les dire des consuls, qui n'ont rien vu, et qui n'ont pu rien voir, mais seulement recueillir au hazard les dire d'Arabes qui ont dû mal voir, inaccoutumés que sont leurs yeux à supputer la valeur numérique de lignes ou de masses ; tout cela ne vaut pas l'assertion, même hasardée ou confuse, de militaires français, qui ont vu combattre ou qui ont combattu. Le brouillard n'a pas duré toute la journée du 19 ; le général auteur *ex professo*, a dû se représenter un nombre, puis qu'il était à l'affaire ; il aurait dû nous le donner, pour ne pas manquer à la pretention de la première épigraphe, *ipse vidi.*

Le combat de Staoli, le 19, qui a décidé du sort d'Alger, n'a coûté que soixante morts et sept à huit cents blessés. Il n'y a pas de proportion entre les

morts et les blessés; ainsi, malgré l'acharnement
des maures en mouvement offensif, cette dispropor
tion constate que l'ennemi, ayant tiré de fort loin,
a beaucoup blessé et peu tué.

Pages 93, 95 et 96.

Ouverture de la tranchée au fort de l'Empereur.

C'était le cas de nous initier dans le secret du siége, de nous en faire connaître en détail les travaux,
de nous donner une idée nette du fort l'Empereur,
de son armement, de la direction de ses feux; il
fallait expliquer, par quelle supériorité du moment,
les batteries ennemies purent soutenir le feu de nos
batteries pendant trois heures, et, enfin, par quelle
supériorité progressive les assiégeans avaient fait
taire à la quatrième le feu des assiégés. Soyez donc
utile; l'auteur ne parle avec faconde et avec
quelque peu d'enthousiasme, que de ce qu'il a fait
ou cru faire.

Page 99.

Quel rapport, en bonne logique, peut-il y avoir
entre Gélon qui se défend en Sicile contre Amilcar,
qui le bat, et auquel il impose, pour première condition de sa retraite en Afrique, que les Carthagi-
nois ne sacrifieront plus de victimes humaines; et
le général Berthezène, gagnant, à lui tout seul, la

bataille de Staoli, prenant le fort de l'Empereur, et par suite Alger. Pour que la comparaison pût avoir quelque sens, il aurait fallu que le dey d'Alger fut venu à Toulon, que le général Berthezène l'eût bien battu, et qu'il lui eut imposé, pour toute condition, de ne plus exercer la piraterie ; nous pensons, toute fois, que le général auteur aurait mis à Alger, pour seconde condition, de transporter en France le trésor de la Régence ; mais, alors, pas même l'ombre de comparaison avec Gélon.

Le dey, promettant, dans un traité, de ne plus exercer le métier de forban, aurait trop ressemblé à l'Aspasie moderne souscrivant un billet de fidélité à un seigneur de la cour de Louis XIV, alors qu'il avait obtenu de ce roi d'aller faire une campagne de six semaines.

Quand on a pris pour devise, *quæque ipse vidi*, on ne doit pas se contenter, avec une modération d'expression, qui peut devenir perfide, de dire : « Les » immenses magasins de toute nature n'ont tourné » au profit du trésor, que pour une petite partie. » Mais il faut dire, les magasins ont été pillés depuis tel jour jusqu'à tel jour ; ils étaient sous la garde de tels ou tels, sous la surveillance de MM. tels et tels. Pour hâte, nous ferons la même observation sur toutes les insinuations qui ne seront pas des accusations formelles, désignant des personnes, et, cependant, nous ne renonçons pas à donner, en temps et lieu dans cette réponse même, les renseignemens que nous pourrons nous procurer.

Page 108.

De tous les Emiliens et Auréliens qui portèrent le nom de Scorus, il n'en est pas un qui n'ait été accusé d'avarice sordide, de corruption et de rapine. A la vérité, Cicéron, Horace et Juvénal, louent les deux Emiliens, Marcus père et fils, tous deux du nom de Scorus ; mais l'opinion n'a jamais ratifié ces éloges, et si elle n'a pas erré, cette opinion constate que le général Scorus faisait respecter par ses troupes un arbre à fruit, mais spoliait les peuples ; et comme beaucoup d'autres, dans tous les temps il pouvait dire :

......Video meliora proboque
Deteriora sequor.....

La manie des citations devient contagieuse.

Page 113.

Le général Clauzel ne destitua pas l'Aga, mais lui retira ses fonctions. L'aga était un homme d'honneur, et on ne destitue pas un homme de cette espèce. Le peu de confiance que les Arabes avaient en lui, à tort ou à raison, mais à tort sans le moindre doute, le peu de considération dont il jouissait auprès de ses compatriotes, comme le dit encore le général Berthezène, aurait pu expliquer la conduite du général Clauzel à l'égard de l'aga, et toute réflexion à ce sujet est au moins déplacée.

Pages 114 et 115.

Mais qui donc avait donné le conseil de dépouiller les Turcs en les déportant ? nous voyons bien que le général Berthezène conseille au général Bourmont de faire rendre l'argent et d'autres bijoux qu'on avait pris sur eux , parce qu'ils n'avaient pas payé 25 millions pour frais de passeport avant leur déportation. Mais il aurait dû ajouter que la mesure *dure* ne fut adoucie qu'alors qu'il fut constaté par le dernier essai, que tous les Turcs à déporter n'étaient que des misérables. Il y avait long-temps que dans l'ancienne monarchie on disait : « Là où il n'y a rien, le roi perd ses droits. » O sagesse des nations, et aussi de Sancho Pança, vénérables proverbes que vous êtes favorables à l'humanité! Il faut pourtant faire remarquer que puisque le général Berthezène donnait des conseils en désespoir de cause, au général en chef, il aurait pu les lui offrir plus nobles avant l'avortement de la mesure *dure*, comme il le dit.

Page 121.

Il n'y a rien de problématique dans la conduite d'un citoyen depuis la révolution de 1789, qu'il ne faut pas renier. Le devoir est bien tracé, on appartient à la France, et non à telle ou telle famille.

Il y a deux partis bien distincts en France , tous deux consciencieux. Les légitimistes qui veulent être la propriété immobilière d'une famille, d'un homme, jusqu'à l'extinction de sa race mâle ; les indépendans, qui ne reconnaissent que la souveraineté nationale; ceux là, comme les premiers, ne se montrent que pour le triomphe exclusif de leurs opinions.

Toutefois, il faut le dire, il y a une tourbe flottante qui se joint avec un empressement furieux aux légitimistes dans leur prospérité, et qui s'insinue en pateline dans l'autre parti lorsqu'il reparaît. De la facilité de son admission dans les rangs nationaux, elle en déduit la conséquence, que les honneurs qui ne sont rien, et le pouvoir qui est quelque chose lui sont dévolus de plein droit, et de fait cela est ainsi. Parti national que vous êtes bon homme, car pour dupe vous ne l'êtes pas.

Page 126.

L'administration est accusée de n'avoir pas remédié par ses soins aux maux des malades. La nécessité lui impose l'obligation de demander des mosquées pour servir d'hopitaux, on les lui refuse, que devait-elle faire? peut-être construire des hospices, quelle logique! Vous nous direz ce que vous avez fait de mieux.

Il faut revenir sur le chapitre cinquième de la première partie.

Depuis 127 jusqu'à la fin, page 131.

Dès que nous l'aurons coulé à fond, nous serons revenus sur tout ce qui est antérieur, et nous aurons répondu à tout ce qui sera postérieur. L'auteur va par sauts et par bonds, en avant et en arrière, dans toutes les directions; il passe d'un sujet à l'autre, devançant les époques, pour tomber brusquement en arrière sur des faits qu'il a déjà débattus; ainsi se multiplie une même accusation, la masse en est telle qu'elle grossit tous les objets, et que Verrès dépouillant la Sicile n'est qu'un jeune écolier dérobant des cerises.

Parmi les objets de toute nature qui ont été trouvés dans les magasins d'Alger, il faut d'abord en distraire tout ce qui était dépendant de l'artillerie et du génie, que ces deux armes se sont approprié pour en disposer selon l'exigence des cas. La régularité que ces armes impriment à toutes leurs opérations, ne peut laisser au général Berthezène, le moindre doute sur l'emploi utile des magasins qui leur appartenaient ; ainsi il faut admettre qu'il n'a entendu parler que des objets dont l'administration militaire a eu la manutention, tels que grains, laines, toiles à voiles, toiles ordinaires, cuivres, marbre ; voici un rapport du 12 décembre 1830, adressé par M. l'intendant Volland au ministre de la guerre, direction générale de l'administration : le général pourra vérifier et la lettre et les pièces justificatives qu'elle annonce.

Alger, le 12 décembre 1830.

MONSIEUR LE MARÉCHAL,

« Les rapports de mon prédécesseur vous ont fait connaître les mesures qui ont été prises, sous l'approbation du général en chef, pour assurer l'emploi des denrées et marchandises trouvées dans les magasins de la régence à Alger. Il a été disposé de ces valeurs par trois moyens différens :

Par des expéditions faites sur Marseille ;

Par des remises à divers services ;

Par des ventes faites à Alger.

» J'ai eu l'honneur de vous adresser, le 3o novembre dernier, l'état général et les procès-verbaux de toutes les expéditions faites en France, avec le compte particulier de la dépense à laquelle ces expéditions ont donné lieu.

» Je vous adresse aujourd'hui deux états également appuyés de procès-verbaux, l'un pour les ventes faites sur les lieux, l'autre pour les remises à divers services. Ces deux états complètent le compte général de l'emploi des denrées et marchandises trouvées dans les magasins de la régence, à l'exception toutefois de ce qui a été livré à l'artillerie, au génie et à la marine : ces différentes armes ayant pris possession elles-mêmes, et sans l'intervention de l'administration militaire, de tous les objets qui se sont trouvés propres à leur service. Ainsi, au moyen de l'envoi que j'ai l'honneur de vous faire, vous avez maintenant, monsieur le maréchal, la collection entière de tous les documens qui s'attachent à cette affaire ; il n'a pas été fait d'inventaire rigoureux des magasins, parce que cette opération était impraticable à cause de leur encombrement et de la disposition particulière des localités. Un procès-verbal de reconnaissance de ces magasins a seulement été dressé au mois de juillet par une commission déléguée à cet effet. Ce procès-verbal fait partie du présent envoi; mais cet acte qui n'a donné qu'une approximation très-hazardée des quantités, ne peut être considéré que comme une pièce de renseignement, et non comme un inventaire positif. Il avait été reconnu dès le principe, que le véritable inventaire ne pouvait se faire que par l'évacuation des magasins, parce que ce n'était qu'alors qu'on pourrait réellement procéder aux opérations de pesée et de mesurage, qui devraient servir à déterminer les quantités existantes. C'est ce qui a eu lieu, en effet, et les quantités dont la sortie a été constatée par les différens procès-verbaux d'extraction, doivent être considérées dans leur réunion et leur ensemble, comme formant le véritable inventaire.

» Je n'ai à émettre ancune opinion sur la manière dont on a procédé, avant mon arrivée, dans le cours de cette opération importante. Elle a été accompagnée, dans l'origine, de quelques désordres, inévitables au milieu des circonstances qui ont signalé la prise de possession d'Alger. Il paraît que la grande dissémination des magasins n'a pas permis alors de les mettre tous sous la garde de comptables spéciaux, qui auraient été chargés de leur conservation. Une partie des nombreux locaux dont ils se composent, étant devenus indispensables pour les divers services, et surtout pour le casernement, les troupes se sont emparées de vive force de quelques-uns de ces locaux; et, alors, on conçoit qu'il y a dû avoir des soustractions et quelque pillage. Toutefois, comme ces magasins ne renfermaient que des denrées, qui, par leur nature, étaient généralement lourdes et encombrantes; je suis porté à croire, qu'en résultat, les pertes auront été peu importantes. »

Je suis avec respect,
monsieur le maréchal, etc.

A cette lettre, le ministre répond par des témoignages de sa satisfaction sur la marche qui a été suivie, sur la destination qui a été donnée aux objets de toute nature, et sur les justifications qui ont été produites.

On ne peut que s'étonner que le général Berthezène, qui a exercé lui-même le gouvernement à Alger; qui, par devoir, aurait dû vérifier l'état de la question, éclairer ses doutes, en se faisant représenter les pièces, dont les originaux sont à Alger, par M. Volland, qui est resté plus d'un mois près de lui, ou tout au moins par l'intendant son successeur; on doit s'étonner, disons-nous, qu'à cette vérification légale il ait préféré se rendre, dans un pamphlet, l'écho de bruits populaires, enveloppant ainsi, dans sa proscription accusatrice, tous les agens honorables qui ont concouru à l'administration militaire d'Alger. Quelle est donc l'allure d'un homme qui a la vérité dans sa main et qui ne veut pas l'ouvrir, aimant mieux faire planer au hazard des soupçons injurieux sur toute l'administration et sur tous les agens du pouvoir ?

A l'égard des quantités de toutes matières, il faudrait avoir sous les yeux tous les procès-verbaux des expéditions faites sur Marseille, des remises à divers services, des ventes faites à Alger. Le général auteur peut les aller consulter au ministère de la Guerre, on ne lui en refusera certainement pas la communication. Tout le monde est intéressé à bien délucider la question que le général Berthezène a embrouillée. Qu'il fouille et refouille, qu'il compare, qu'il déduise ses conséquences; en attendant, voici quelques renseignemens qui pourront le mettre sur la voie.

L'auteur a dit que le blé trouvé à Alger reviendrait, prix moyen, de 6 à 7 francs le *saas*, qu'on l'avait vendu à 2 francs 70 centimes le *saas*, et qu'ensuite, il avait fallu racheter des grains au prix de 17 francs la même mesure. Faisons remarquer d'abord qu'on n'a rien acheté ni vendu au *saas*, mais bien au quintal métrique; et qu'ensuite, les recensemens dans les magasins se sont faits, successivement, en mesure métrique. Mais comme ces grains étaient de mauvaise qualité, il a fallu les revendre.

Les quantités de blés, fromens, dont l'existence a été constatée dans les magasins de la régence d'Alger, s'élevaient à 8563 quintaux métriques, 34 kilogrammes.

Dispositions faites avant l'arrivée de M. l'intendant Volland.

> Vendus à Alger du 7 au 12 juillet 120 quintaux 54 kilo.
> livrés à la douane et vendus à cette administration. . . .
> 5,966 quintaux 5o kilog. .
> Expédiés pour France 785 quintaux 57 kilog, ...

Nota. Le prix moyen du quintal métrique à Alger ressortit à 6 fr. 5o.

Dispositions faites sous l'administration de M. Volland.

> 1° Cédés à la ville d'Alger pour être vendus aux habitans 1o56 quintaux 55 kilog. . .
> 2° Echanges avec la maison Sellière contre 53o quintaux 85 kilog. de lard salé évalué à 1oo francs le quintal métrique 2654 quintaux 75 kilog. . .

Nota. Le prix moyen du quintal métrique ressortit à 17 fr. 9o - 69.

La partie des grains, qui avait été remise à la Douane, devait être livrée par elle à la consommation journalière des habitans, au cours du marché. Mais comme ces ventes partielles ne produisaient qu'un écoulement fort lent, et qu'il devenait urgent d'employer ces grains pour les préserver de l'entière avarie dont ils étaient menacés, l'employé de la Douane, qui en était dépositaire, crut pouvoir pren-

dre sur lui de les vendre , de gré à gré, à des né-
gocians, à des prix très-modiques, à raison de leur
mauvaise qualité. Aussitôt que l'administration militaire en fut instruite, elle voulut rentrer, et rentra en effet en possession de ce qui restait de ces
grains , dont elle disposa bien plus avantageuse-
ment, ainsi qu'il est indiqué dans la seconde partie
du tableau qui précède; et, c'est ainsi que l'administration réalisa, pour l'Etat, les bénéfices qu'auraient obtenus le spéculateur.

Voici encore un état des denrées et marchandises
provenant de la régence d'Alger, expédiées en
France, par les soins de M. Schneider, commission-
naire, par des expéditions successives, à partir du
4 août au 9 octobre 183o.

	quin.	kil.
Laines.	593g	73
Plomb.	g15o	42
Cuivre	192	61
Cire	759	83
Froment.	785	57

C'est ici le lieu de vider la question de l'approvisionnement du siége de la place d'Alger, que le
général Berthezène a eu le talent d'embrouiller,
bien qu'elle soit très-simple en elle-même. Pour
bien comprendre l'état de la question, il faut savoir
que le bey entretenait un approvisionnement qu'il
tenait en réserve pour parer aux besoins de la population, en cas de disette, ou lorsque les arrivages

venaient à manquer par toute autre circonstance. Ces grains étaient entassés dans des locaux étroits et humides, et furent reconnus en mauvais état de conservation et menacés d'avarie : ce sont ces mêmes grains qui, les premiers, furent remis à la douane, comme il est expliqué plus haut, pour être livrés à la consommation au prix courant du marché, et c'est ainsi qu'ils se trouvèrent rendus à leur destination primitive. Cette partie de grains se trouve comprise dans les 8,563 quintaux formant le recensement général, dont l'emploi a été exposé dans le tableau qui précède.

Mais il fallait s'occuper de la formation d'un nouvel approvisionnement, et cette précaution était d'autant plus impérieusement commandée que dans l'attitude hostile que venaient de prendre les tribus, tout faisait craindre que les arrivages, qui déjà étaient très-rares, ne fussent entièrement suspendus. C'est à cette occasion que fut passé le marché du 9 décembre 1830, avec le sieur Schneider, négociant français, pour la fourniture de dix mille mesures de blés. Le sieur Schneider est le même qui avait reçu 2,654 quintaux métriques de blés provenant des magasins, en échange de 530 quintaux de lard salé, évalué à cent francs le quintal métrique.

C'est sur ce marché que le général Berthezène exerce sa critique. Il prétend d'abord que le sieur Schneider a fait entrer dans sa fourniture les blés menacés d'avaries et de qualité inférieure, qu'il avait reçus en échange de son lard, fait qui n'est pas prouvé et qui supposerait que les experts qui ont été appelés à la réception, que les fonctionnaires qui l'ont constatée, se sont prêtés à cette supercherie ; mais le mal ne se suppose pas, il se prouve.

Ensuite il se récrie sur le prix alloué au fournisseur, qui est de 17 francs le quintal métrique, tandis que le blé livré à la consommation s'était donné à 6 francs. Mais il faut remarquer qu'il n'y a aucune proportion à établir entre des blés menacés d'avaries, comme l'étaient ceux qui avaient été trouvés dans les magasins, et des blés sains, comme ceux qu'a dû fournir le sieur Schneider ; en second lieu, que l'on tomberait dans une grande erreur si l'on croyait que dans ce pays-là la variation du prix des grains est graduelle par analogie avec les autres pays, car il est facile de concevoir que puisque les marchés ne sont alimentés que par les tribus, les arrivages venant à manquer alors que les tribus se mettent en hostilité, la hausse des grains ne garde plus aucune mesure.

Enfin, puisqu'il est prouvé par le tableau qui précède, que dans l'échange qui a été fait avec le sieur Schneider, le prix moyen du quintal métrique est ressorti à 17 francs et une fraction, comment peut on trouver extraordinaire qu'il ait été alloué à ce fournisseur le prix de 17 francs, égal à celui pour lequel il avait reçu en échange des grains d'une qualité inférieure ?

En vérité l'on répugne à descendre à de pareilles justifications. Cette ignorance des faits serait pardonnable dans celui qui n'aurait été que faiblement initié dans les affaires d'Alger ; mais le général Berthezène a exercé le gouvernement et il a dû par devoir s'enquérir de tous les faits et les toucher au doigt et à l'œil ! Comment expliquer cette légèreté dans un personnage grave ? Comment la concilier avec ce caractère de loyauté et de franchise qu'on aime à reconnaître en lui ? C'est acheter bien cher le triste mérite de faire du scandale.

A l'égard des toiles, les procès-verbaux de délivrance aux hôpitaux pour draps, paillasses et matelas ; aux corps de toutes armes, pour paillasses et sacs de nuit, donneront une consommation qui n'étonnera pas ceux qui sont habitués à faire confectionner des objets de couchage, et qui savent combien il faut d'aunes pour une paire de draps, pour des matelas et des paillasses même d'hôpital.

A l'égard des toiles à voiles, valant, d'après l'auteur, un million ; il est très-convenable que l'ex-gouverneur prenne des informations, car un million en toiles à voiles ne s'emporte pas sous le bras ; au surplus, l'aunage de ces toiles à voiles est de 20,925 mèt. 5o centim.

On voit, par les détails qui précèdent, que tout ce qui a été trouvé dans les magasins d'Alger, n'est pas devenu la proie de la cupidité, qu'il en est resté quelque chose, et que, dans cette armée, la probité comme l'héroïsme ne se trouvaient pas exclusivement concentrés en un seul personnage.

Quand on veut faire des confidences au public, il

faut tâcher d'être mieux renseigné sur les faits; mais alors il n'y aurait pas de scandale ; et, après tout, pour se rehausser il y a un expédient, c'est de rabaisser les autres.

Il n'est pas plus facile d'emporter des colonnes, des coupes à fontaine, des encadremens de fenêtre, des marbres blancs en dalles pour embellir des châteaux en France. On voit bien que le général Berthezène veut parler du général Clauzel ; que chacun fasse sa confession.

Le jour que le général Clauzel alla au jardin du dey, qu'habitait le général Berthezène, ce dernier lui fit obligeamment remarquer une fontaine à quatre colonnes et avec sa coupe, en ajoutant qu'elle ornerait bien son jardin en France. — Elle est placée, répondit le maréchal Clauzel, il ne faut rien dégrader. — Mais nous avons dans le jardin, sous un hangar, quelques colonnes et une cuvette non placées. — Nous verrons cela, répondit encore le général Clauzel, et il n'y pensa plus. Mais à l'arrivée de Mme. Clauzel, le colonel d'Armaillé lui envoya probablement une des colonnes non montées, dont il a été question ; et chaque officier en situation de pouvoir concourir à l'érection d'une fontaine, envoya son fragment. La fontaine était expédiée et arrivée en France, à la campagne de Mme. Clauzel, que le maréchal n'en savait rien. Que le général auteur se garde bien de croire que le maréchal avait été prévenu, il eût empêché l'expédition de la fontaine chez Mme. Clauzel ; s'il y avait pensé, il lui aurait ménagé la peine que de pareils soins donnent toujours à une femme. Il faut supposer la nation française bien avare, pour qu'elle trouve mauvais qu'un général en chef prenne, en détail, des morceaux de marbres, négligés de tous, et reposant dans des coins, pour en faire un petit monument fort exigu, qui lui rappelle dans ses vieux jours, ses voyages de l'âge mûr. Allons, voilà qui est dit; à présent, que le général Berthezène, fasse ses aveux, avec ou sans *meâ culpâ*.

Page 138.

Assurément le général Bourmont disait bien, en proférant les paroles que cite l'auteur : « Quoi que « je fîsse, je ferais mal, il vaut donc mieux ne rien « faire. » Le général n'avait pas eu le temps de se faire une opinion raisonnée, il s'abstenait. C'était de la sagesse ; et pourtant le général Berthezène s'est lui-même abstenu tout en critiquant ceux qui n'ont rien fait; soyez donc conséquent avec vous même.

Deuxième partie, page 139, avec cette épigraphe : *Incedo per ignes.*

Quelle est donc la crainte qui dicte à l'auteur son épigraphe? Quand on ne se brûle qu'au figuré, il ne faut pas affecter des crispations nervales. Si l'auteur a voulu sous-entendre *suppositos cineri doloso*, en vérité, c'est affecter des craintes ridicules ; par le temps qui court, les brâsiers ne sont pas recouverts de cendres perfides. On dit aujourd'hui son fait à qui que ce soit sans le moindre danger , sous la condition, toutefois, de ne pas être calomniateur.

Page 140.

L'armée a débarqué le 14 juin, et deux mois après, elle est dégoûtée de l'Afrique , elle ne rêve que la France , c'est son unique vœu et son premier besoin , dit l'auteur.

On a , continue-il, observé depuis long-temps que le soldat ne se trouve bien qu'en France, qu'il s'est même dégoûté de l'Italie et de ses plaisirs. Mais, général auteur, y avez vous pensé , en écrivant ces singulières paroles. Quoi ? pendant vingt ans la France a été veuve de son armée, occupée qu'elle était dans toutes les directions, à cent , deux cents, cinq cents , mille, deux mille lieues de sa patrie , sans qu'on ait pu apercevoir un symptôme de découragement ; et le soldat français n'est heureux que dans sa patrie ! Eh bien ! il est tel régiment, qui est resté dix·ans absent , qui pendant cet espace de temps n'a traversé la France qu'en poste sur des chariots , sans qu'aucun soldat ait pu embrasser son père et sa mère ; tous également émus par le souvenir de leurs proches et par l'espoir des batailles qu'on leur montrait en perspective très-rapprochée. Et le soldat dites-vous, n'est bien qu'en France! Et après deux mois de séjour , l'armée d'Afrique en est dégoûtée! Mais il faut expliquer les motifs du dégoût qu'élle éprouvait.

On ne saurait le dissimuler, et il faut oser le dire, bien des notabilités de l'armée n'étaient parties de France que pour aller chercher un grade ou tout au moins des honneurs à Alger; tous croyaient en avoir mérité. Presque tous voulaient aller chauffer les demandes qui avaient été faites avec profusion, ou faire valoir des services méconnus. Les officiers inférieurs savent lire bien vite sous le masque de leurs chefs, masque d'ailleurs fort transparent. Le dégoût se propage rapide, et bientôt les soldats partagent les sentimens de leurs chefs. Comment en pourrait-il être autrement, lorsque les chefs, qui ont toujours un bien-être relatif, se laissent aller au découragement, comment des soldats qui éprouvent quelques privations réelles, et non de luxe comme les officiers, pourraient-il lutter contre elles et contre des exemples de dégoût de la part de ceux qui leur en devraient de contraires? . . . . Des camps, des bivouacs, et des tentes pour tous, même en temps de paix, été et hiver pendant dix ans; si la France ne veut pas s'apercevoir que son armée a dégénéré! Dégoûtée après deux mois! une armée bien nourrie, bien vêtue, bien soldée, qu'en dernière analyse on abritait mieux que dans nos camps des trois premières années de la révolution! Poussière des défenseurs de Gênes, ne vous agitez pas; ossemens de Masséna ne vous heurtez pas dans votre tombe! patience à votre indignation, l'armée

sera ce que vous fûtes . . . .
Qu'on s'en souvienne! Les froids du Nord engour-
dissent et rendent stupides les hommes sans énergie,
les feux du midi les énervent, provoquent la pros-
tration de leurs forces et aussi de leur courage. Il
ne leur faut que la température des salons de Paris,
rendue uniforme et douce par les tuyaux de chaleur
ou la fraîcheur des parcs à grand dôme de feuillage (1).

Pages 140 et 141.

Le gouvernement avait ordonné de faire un enquête sur les prétendues dilapidations du trésor
d'Alger. Elle ne pouvait être que préparatoire à une
enquête judiciaire que le gouvernement aurait or-
donnée s'il y avait eu lieu. Elle était composée de militaires et d'administrateurs, par la raison que la
clameur publique ne respectait aucune classe. C'est
aux bavardages pareils à ceux que le général auteur
fait circuler par son opuscule, c'est à la continuité
intense des clameurs arrivant d'Alger tous les jours
de courriers, que la France a cédé, et sa conviction est venue telle, bien à tort assurément, que
le gouvernement avec peu ou point de conviction,
s'est déterminé à une enquête. Si le livre du général Berthezène produisait le même effet que les
clameurs d'alors, le gouvernement serait obligé
aux mêmes mesures.

A l'exception de trois ou quatre jeunes gens, mais

(1) Voyez la note de la page 16.

de belle espérance, le général Clauzel n'avait autour de lui, que d'anciens militaires, qui pouvaient lutter de savoir, et surtout de bonnes et nombreuses campagnes, avec telles notabilités de l'armée d'Afrique qu'on pût leur opposer. D'urbanité, ils n'en ont jamais manqué avec qui ne l'exigeait pas sans réciprocité. Mais il faut l'avouer, ils n'avaient pas plié les genoux devant la restauration; ils ne l'avaient pas ignominieusement adulée, en refusant pendant quinze ans à Napoléon, et son nom de baptême, et son titre d'empereur, se contentant comme bien des généraux qu'il serait facile de nommer, de le désigner exclusivement par son nom de famille—*Buonaparte*, qui du reste en vaut bien un autre; de peur sans doute d'exciter l'animadversion des princes légitimes, qui par leurs amis, et aussi leurs maîtres les jésuites, ne qualifiaient Napoléon que du titre de marquis de Buonaparte, lieutenant-général des armées du roi,

Il eût été mieux de le qualifier comme Louis XVIII: plein de l'antique noblesse de sa famille, de ses droits au trône de France, qu'il regardait comme imprescriptibles, il ne pouvait sans se contredire donner à Napoléon le titre d'empereur, ni le nom de Napoléon qui se confondait avec le premier. Mais il avait trop de tact pour ne pas savoir que *Napoléon ne s'appelait pas plus Buonaparte que Louis XVIII Capet.* Le temps pour le premier, et la victoire pour le second avaient également sanctionné ces changemens de nom. En conséquence, et pour le maintien des principes, il disait toujours en parlant de Napoléon empereur, ce *Monsieur*.

Page 143.

La note qui ne voudrait qu'être que spirituellement maligne, n'est, par défaut de goût, qu'une impertinence ; il faut dire le mot à regret.

Que le général Berthezène, ou tout autre sache, que le général Clauzel voit tout par lui-même. Il n'y a pas une nomination, qui ne lui ait été soumise par le chef de l'état-major, avec un rapport expliquant dans tous ses détails, la position de l'officier ; le général Clauzel jetait ou ajournait en marge où à la fin du rapport les nominations des officiers. C'est sur ces pièces, que *les nominations étaient expédiées, par ordre du général en chef.*

S'il y a eu des obsessions, elles sont parties des grades les plus élevés, et pour sa part, le général auteur a bien des insistances à se reprocher près du général en chef, et sur la conscience bien des courses de chez le général Clauzel chez le chef de l'état-major, pour certifier à ce dernier que le général en chef avait enfin accordé telles nominations qui présentaient des difficultés d'après les réglemens que le général Berthezène connaissait parfaitement, et même exclusivement s'il faut l'en croire ; difficultés qui semblaient disparaître sous ses ingénieuses et nouvelles interprétations ; c'est le privilége du génie de trouver de nouveaux aperçus même dans un réglement militaire.

Pour ce qui lui était personnel, il ne s'est fait faute, comme disait le poète Lemière, *de faire lui-même ses affaires*, non-seulement auprès du général en chef, ce qui était tout simple, mais auprès de son secrétaire particulier M. Caze, qui ne manquait jamais de rappeler le soir à son général, le même objet que le général Berthezène avait lui-même traité le matin et avec le général Clauzel et avec son sécretaire. Aux instances réitérées du général Clauzel, pour la nomination du général Berthezène à la dignité de pair, le ministre de la guerre répondit enfin, qu'on ferait la nomination après le jugement des ministres. Mon Dieu! qu'il se prolongea le jugement des ministres!

Au reste, le général Clauzel n'avait pas besoin de *surexcitations*, comme disent les médecins; il avait résolu en arrivant d'épouser l'armée d'Afrique, de faire valoir ses droits réels, et même fictifs, sans acception de personne. Les circonstances voulurent qu'on agit ainsi, sans trop épiloguer les droits de quelques-uns.

En effet dès son arrivée, il se hâta d'appuyer toutes les demandes d'avancement ou de décoration, formées par le maréchal Bourmont, et comme il a été dit, le général Berthezène ne fut pas oublié, et même il obtint des lettres particulières et spéciales ainsi qu'on l'a vu déjà par la réponse du maréchal ministre (Gérard).

Cet article répond au 1ᵉʳ alinéa du 1ᵉʳ chapitre page 139. En rendant compte du succès qu'obtinrent les démarches du maréchal Clauzel pour la confirmation des grades, demandés par son prédécesseur le général Berthezène, etc.

Le général Berthezène, ne voit pas plus que d'autres ne la virent, la nécessité de la formation en quatre divisions de l'armée qui n'était qu'en trois... Le général Clauzel pourrait éclaircir cette question d'un seul mot, mais il s'abstient de le faire, ne voulant pas en rendre compte ici.

Page 144.

Le général Berthezène aurait voulu que le général Clauzel eût traité avec la tribu des Zuaves, comme on traite avec les Suisses, d'une fourniture d'hommes, comme le voulait faire le général Bourmont, comme le fait le bey de Tunis ; mais le général Berthezène est resté dix-huit mois à Alger ; les Zuaves ramassés, comme il le dit, sur le pavé d'Alger, n'étaient pas complets, quand il est venu prendre le commandement, ils ne l'ont jamais été sous le sien ; mais, conseiller officieux, adoptez donc pour vous les conseils que vous donnez aux autres ! Que n'avez-vous traité avec la tribu des Zuaves ? Serait-il dans la destinée du général Berthezène de concevoir des choses admirables, mais de s'arrêter alors qu'il faut les réaliser ! Le général Clausel va dire à son conseiller les motifs de sa determination, à la formation immédiate des Zuaves, en toute vérité ramassés sur le pavé d'Alger. Voici le fait :

Un matin, au très petit point du jour, le général Clauzel, presque seul, avait voulu voir les avant-postes, placés sur la route d'Alger à la ferme devenue plus tard ferme-modèle. Point de sentinelles devant aucun poste, qui en même temps étaient casernes pour une, deux ou plusieurs compagnies. Toutes les portes sont barricadées; il frappe, on répond, il se fait reconnaître, questionne simplement, sur les précautions que l'on prend la nuit. Ainsi, vous dormez bien? — non pas la nuit, mon général, mais un peu au jour, quand les sentinelles sont placées. C'était à la même époque, où la prudence, qu'on est loin de blamer chez le général Berthezène, allait coucher tous les soirs, au milieu de ses cantonnemens, et sans doute pour les rassurer par sa présence. Un état de choses pareil à celui dont il vient d'être parlé aux avant-postes du sud-est, ne pouvait durer, sous peine d'être chassés, d'Alger, par les cinq cents porte-faix qui l'habitaient; le général se garda bien de rien témoigner aux soldats, aux officiers, ni même aux généraux ; il fallait relever le moral, faire renaître la confiance en soi-même, par la réflexion de chacun, sous peine d'avilir chacun à ses propres yeux, en ayant l'air de s'apercevoir de cette faiblesse d'un moment.

Il rentre à Alger, fait venir qui de droit, et lui dit : Je veux dans quatre jours un corps de Zuaves, et en quatre jours il y en a deux cents coiffés, comme Mahomet à la guerre, assez mal vêtus, à la vérité, ou plutôt grotesquement, quoique bien couverts et bien armés. Le cinquième jour ils apprennent l'exercice aux avant-postes, en face des Cabaïles, tout étonnés de voir des turbans au service des chrétiens. De ces deux cents hommes, on en envoie une cinquantaine au général Berthezène, et dès ce jour la troupe dort, les Cabaïles deviennent circonspects; et les soldats font leur faction la nuit, à l'air, comme à Lille, ou à Valenciennes. Il y a eu des déserteurs dans ce corps, on a perdu successivement par la désertion deux cent fusils, et quelques vêtemens; il faut que le général Berthezène prenne patience, tout comme l'a prise le général Clauzel, qui n'a jamais moins regretté qu'alors la perte de deux cents fusils, sabres, gibernes, et même turbans.

Toujours est-il que les Zuaves, tels quels, formés en deux bataillons, à eux deux d'environ cinq cents hommes, ont rendu de grands services; un bataillon surtout à Medéah, sous les ordres du colonel Marion. Le général Berthezène peut-être bien sûr, que si la tribu des Zuaves avait été sous la main du général Clauzel ou même très à portée d'Alger, il se serait empressé de traiter avec elle pour la fourniture d'hommes de leur tribu. Le général Berthezène, on ne saurait le nier, a de l'aperçu, mais il a le malheur de ne jamais saisir que la plus petite face d'une question, obstacle invincible à la résolution d'aucune ; il faut toutes les données d'un problême pour le résoudre.

Page 145 à 147.

L'histoire de Joseph ou Joussouf serait arrivée à temps, à l'époque où le livre du général Berthezène aurait dû paraître. On aurait pu l'ajuster alors à un melodrame à deux coups de poignard, auquel serait venu s'adjoindre l'offre allégorique d'une langue, d'un œil, d'une main, présentés sur la scène, dans une coupe de crystal bien transparent, et infusant dans de la saumure pour leur conservation. La coupe de Thieste, la boîte de Gabrielle de Vergy, qui nous remuaient tant dans notre adolescence, eussent été mises au rebut, comme moyens usés.

Le général Clauzel a eu des raisons pour faire arrêter, et pour mettre ensuite en liberté Joussouf, et de le placer dans les chasseurs algériens ; il a justifié ce qu'on attendait de lui.

Pour ce qui est de la compagnie gardes-du-corps du général en chef, il est bien difficile de ne pas supposer que le genéral Berthezène l'a inventé tout seul, ou qu'il l'a adopté avec tout la ferveur qu'on met à saisir au vol un fait dont on peut tirer parti. Peut-être en créant cette compagnie, le général Clauzel aurait mieux servi le général auteur que lui-même. A quoi bon, en effet, au général Clauzel une telle compagnie, lui qui n'a jamais eu de broderies à Alger, qui n'a pas même encore un habit de maréchal, qui ne s'est jamais coupé en deux de son grand cordon, qui sortait toujours à pied, sans uniforme, avec le premier officier qui se trouvait sous sa main et qui était disposé à l'accompagner; qui, en simple uniforme, lorsqu'il allait aux revues, ou voir les cantonnemens, n'était suivi que de très peu d'officiers, et de deux chasseurs à cheval, sur les quatre qui se relevaient tous les huit jours à son quartier-général. Et qu'aurait fait, grand Dieu! le général Clauzel de la compagnie garde-du-corps avec son peu de goût pour le faste quel qu'il soit? Cette compagnie, au contraire, eût fait merveille auprès du général Berthezène, qui dans la rue, comme devant la troupe, dans sa chambre à coucher, comme dans son salon, était toujours en grande représentation; qui ne marchait jamais qu'avec grande escorte, precédé à la manière orientale, de deux personnes, qu'en Turquie on nomme, dit-on, *cavasses*, pour faire faire place au gouverneur d'Alger et l'empêcher d'être coudoyé dans les rues. Il n'y a rien à dire à cela; c'est le goût du général Berthezène; mais tout cela ne conviendrait pas plus au maréchal Clauzel d'aujourd'hui qu'au général Clauzel d'alors. Ainsi rayons sans façon le projet de la compagnie garde-du-corps.

Page 148.

Le général Berthezène assure que le général Clauzel fut informé par l'agent d'une grande puissance, que le bey de Titeri lui avait écrit qu'il attaquerait bientôt Alger, et qu'il lui demandait son appui. Il ne peut-être question que du consul d'Angleterre; le général Clauzel n'a qu'à se louer de lui ; mais ce consul, vrai Anglais dans toute son étendue, ne fait pas de pareilles confidences, même à ses amis ; il se contente de refuser son appui, et de détourner le confident de projets, que, plus que tout autre, il peut juger téméraires.

Si le consul anglais a reçu un pareil avis, il aura sûrement répondu : « Cher ami, c'est folie à vous
» de venir attaquer une armée, forte et nombreuse,
» qui a chassé votre dey, pris le trésor de la ré-
» gence, et qui, tous les jours, expédie vos canons
» et votre poudre en France, et de venir l'attaquer,
» avec bien des milliers, je l'avoue, de paysans
» africains, mais qui s'enfuiront au premier coup
» de canon qui tombera au milieu d'eux, sans même
» les toucher ; si vous avez quelque chance, ce n'est
» qu'au milieu de vos montagnes, si on va vous y
» attaquer. Je vous refuse mon appui, cher ami. »

Le général auteur est en position d'aborder la haute diplomatie, et, quand il aura achevé son cours préparatoire, il saura qu'un agent diplomatique reçoit toutes les confidences, et se garde bien d'en faire part à d'autres qu'à son gouvernement.

Au reste, confidence que cela de quelque grand politique d'Alger, que le général Berthezène se charge de propager.

48

Page 149.

Il restait à Blida des habitans, et même des autorités ; si le général Berthezène y était passé, il
aurait pu s'en assurer en le demandant. Sa condes-
cendence ne l'a pas sauvé de l'agression dans sa retraite.

Page 150.

En suivant la route tracée, pour arriver à Tœnia,
l'abord du col est très-difficile, mais, en prenant la
montagne à gauche, au dernier ravin, à près de trois
quarts de lieue du passage, les difficultés s'évanouis-
sent ; c'est par là qu'une colonne a gagné le col,
lorsqu'on marchait sur Médéah.

A l'égard de la note de la cinquantième page, la
dénomination de porte de fer paraît être, pour les
deux Atlas, un terme générique et pris au figuré,
s'appliquant à tous les cols difficiles à franchir.

Ce serait une erreur fort innocente, à la vérité,
que de croire que le col dit porte-de-fer, sur la route
d'Alger à Constantine, est fermé avec des grilles en
fer, comme la porte des Tuileries, ou que la dénomination de porte-de-fer ne s'applique qu'à ce passage sans grille.

Page 152.

L'ennemi n'avait, en position au col, que deux
pièces d'artillerie d'une livre, qu'il chargea à dos de

mulet, dès notre apparition près du passage , et, qui bientôt échappèrent à la vue , dans les sinuosités du revers méridional. Nous les retrouvâmes le lendemain dans les murs de Médéah.

Le capitaine Lafare, plein d'avenir, s'était trop approché de l'ouverture Nord-Ouest du col, qu'il ne devait que surveiller à distance respectueuse ; son principal , ou plutôt son unique objet, était d'éclairer la droite de la route ascendante ; sa compagnie faillit être accablée sous le poids des tribus de l'Ouest, qui évacuaient le col en fuyant, pour rentrer chez elles ; leur campagne était faite.

Le ministre a reçu l'état nominatif, et par corps, des morts et des blessés. L'auteur pourra obtenir facilement communication des listes. Il n'y a pas de mystère ; le général Clauzel ne garde pas note de pareils renseignemens ; il fallait rencontrer un général parlant des autres , sans trop de façon, tout en parlant de sa personne avec vénération, pour qu'on sût où placer ces renseignemens comme beaucoup d'autres.

Page 153.

C'est le 22 au soir que Médéah fut occupé.

Sans doute, si le bey de Titteri ne se fut confié à la parole du général Clauzel, et qu'il eût persisté à rester chez le marabout, ou qu'il eût voulu chercher un autre asile , il ne serait arrivé à Médéah ou à Alger que sa tête. Le général Clauzel ne pouvait

4

permettre qu'il restât plus long-temps dans son ancien beklyk. *Per fas aut nefas*, il lui fallait le bey en sa possession ; les Arabes eux-mêmes, ceux sur lesquels il comptait le plus, auraient apporté sa tête à Médéah, aux pieds du général Clauzel, si, comme on l'a dit, le bey ne se fut confié à sa générosité.

C'est de Medéah, lorsque l'occupation en fut résolue, et non de la ferme de l'aga, que l'ordre fut donné à l'artillerie qui était restée d'envoyer cinquante hommes et cinquante chevaux pour y chercher des munitions, que le général Loverdo devait faire parvenir à la ferme, escortées par un bataillon en suivant la route de Coléah.

Les artilleurs partirent de la ferme, escortés par une compagnie de quatre-vingts hommes. C'est à la hauteur de Blida, que l'escorte reçut par son flanc droit, des coups de fusil. L'officier commandant l'escorte fit observer à celui des artilleurs, qu'il y avait du danger à continuer la route; insistance fut faite pour gagner du chemin. Le chef de l'escorte consentit à continuer sa marche encore quelque temps, mais arrivé à une lieue des ponts de Bouffarik, il déclara ne pouvoir aller plus loin, sans aventurer sa troupe déjà compromise. — « Je vous conseille de rétrograder avec moi: cependant si vous « persistez à poursuivre votre marche, je tiendrai « ici encore un quart d'heure pour vous couvrir, et « je rentrerai à la ferme, » où il rentra effectivement à l'entrée de la nuit. L'officier d'artillerie, en se séparant de son escorte, prit le *trot* dans la direction des ponts.

On a souligné le *trot* par la raison que l'auteur général sourit, ou plutôt rit de ce qu'on a prescrit à l'artillerie libre de prendre le trot pendant une heure; comme si c'était chose extraordinaire et inouie que de voir trotter des chevaux d'artillerie, même en traînant et pièces et caissons! Quel besoin de tout épiloguer à tort et à travers! de trouver à redire à tout! et de prendre pour devise non gravée, mais bien écrite sur sa coiffure,

« Hors nous et nos amis personne n'a d'esprit. »

Page 155.

Punir les assassins n'était pas chose facile, avant de les connaître; mais aussitôt qu'il fut certain que Benzemoun ou ses bandes avaient commis le crime, le général Clauzel prépara les moyens d'en tirer vengeance. S'il fut resté à Alger, la tête de Benzemoun y eût été apportée, ou les tribus sous sa dépendance auraient subi le fer et le feu. Une proclamation en Arabe avait annoncé et le crime et la satisfaction qu'on voulait.

Page 156.

Dans toutes les affaires de guerre, il est bien rare qu'il n'y ait pas des momens qui semblent désespérés pour chacun des deux combattans. Et ces péripéties alternatives se multipliant plusieurs fois dans la même action, un habile homme de guerre sait les prévoir, démêler la réalité de sa situation de son apparence. Le vulgaire croit une bataille perdue, que l'homme expérimenté sait qu'il va la gagner dans trente minutes. Le vulgaire encore, celui qui ne doute de rien, en ne sachant rien prévoir, croit tenir la victoire, que depuis une heure, l'homme à combinaisons sait qu'il la perdra, s'il ne survient tel événement qu'il n'appartient qu'au destin de faire naître.

Il y avait cinq cents morts Cabaïles dans les rues de Blida, le général Clauzel les fit enterrer sur la place de l'Est. Un grand nombre, et le plus grand nombre avait été tué à coups de bayonnettes et d'épées.

Page 157.

La veille, la communication était rétablie avec la ferme de l'aga, par la seule retraite des tribus. La garnison ne fit pas de sortie dans l'objet de se dégager. Mais, comme c'est militaire, des reconnaissances lui donnèrent la certitude qu'elle n'était plus cernée. Le général auteur, par sa remarque, semblerait croire, que le général Clauzel en rentrant de Médéah avec sa troupe, aurait eu peut-être quelque difficulté à débloquer Blida. Ce serait par trop ridicule que de s'en piquer.

Il n'y avait pas deux cents hommes, tenant une ligne demi-circulaire de plus de deux lieues, qui suivissent jusqu'à moitié chemin de Bouffarik, la portion du corps d'armée qui rentrait à Alger, en longeant les marais, portion où se trouvait le général en chef. L'autre qui prit le chemin direct de Blida aux ponts, n'apperçut pas un homme la suivant.

Page 159.

Il n'y avait rien de critique, ni rien de hazardé dans l'occupation de Médéah, lorsque nous avions une forte armée à Alger. Les Français, sous la république comme sous l'empire, ne comptaient pas leurs ennemis, de l'espèce des Arabes-Bédouins. En jugeant comme le général Berthezène, le général Junot, au mont Thabor, devait succomber ; Dessaix occupant toute la haute Égypte à cent lieues du Caire, et l'occupant avec quelques milliers d'hommes, ayant Mourad-Bey en tête et au dessus de lui, était bien compromis; Kléber, livrant bataille avec moins de huit mille bayonnettes à quatre vingt mille Turcs, a fait une folie; il valait mieux se rendre prisonnier de guerre. Remarquons, en passant, que le général Berthezène, dans son expédition de Médéah, avait, comme le général Clauzel dans la sienne, autant de troupes que Kléber à la bataille d'Héliopolis.

Comment espérer conserver à nos troupes la confiance en leur supériorité, lorsque des officiers généraux, aux plus hautes prétentions à la notabilité militaire, impriment de pareilles opinions? C'est autant de seaux de glace jetés sur la tête, et versés dans le cœur du soldat. Heureusement que l'espèce des soldats français est tellement admirable, que quoiqu'on fasse, on ne parviendra pas à éteindre pour long-temps en eux le feu sacré. Il se ravivera bientôt, alors qu'ils vivront sous les inspirations de tant de dignes chefs qui dorment dans la tombe (1). Et à propos de la note 13, pages 2 et 7 ; il faut dire que ce n'est que le 26 que l'on apprit à la ferme de l'aga, du capitaine qui avait escorté les artilleurs, ce qui s'était passé en allant à Bouffarik. Ce n'est que le 28, que l'on sut positivement, en trouvant les cadavres, le massacre qu'ils avaient subi, et sur les lieux mêmes, que c'étaient les bandes de Benzamoun, et non les habitants de la Mitidja, qui avaient égorgé le détachement. Est-ce donc d'une naïveté adolescente que de dire *peut-être* le 26, lorsqu'on n'a de certitude que le 28, ou des doutes affligeans le 27, et si l'on ne châtie pas les habitans de la Mitidja, le général auteur n'a-t-il pas déjà dit lui-même que c'étaient les bandes de Benzamoun ? Pourquoi punir alors des habitans innocens ?

L'observation hors de propos n'a d'autre objet que de faire supposer que l'événement était connu, mais qu'on voulait encore le dissimuler, on ne sait trop pourquoi. Voici un souvenir de nos armées, qui pourra donner satisfaction au général Berthezène.

Dans le cœur des états autrichiens, un officier général avait envoyé assez loin une forte reconnais-

(1) Voyez toujours la note de la page 16.

sance; elle fut sabrée, toute tuée, moins le commandant qui resta prisonnier sous quatorze coups de sabre; c'était un colonel, qui obtint d'annoncer la catastrophe au général en chef français. Il fallut le faire connaître à l'empereur. Toutes les précautions oratoires furent prises pour préparer à la facheuse nouvelle. Les lamentations précédèrent et suivirent l'aveu de la perte, « Que signifie votre lettre, M. le gé-
« néral? vous auriez perdu quatre mille hommes,
« qu'il faudrait me l'apprendre simplement; sachez
« ce que devient l'archiduc, faites en-sorte de ne pas
« le perdre de vue, et arrivez à Vienne avant lui,
« s'il prend cette route. » Les gens qui ont eu vingt ans de leur vie de pareils exemples et de pareils enseignemens à commenter, ne se retranchent, pas même momentanément, dans la réticence méticuleuse d'un écolier ou d'un courtisan.

Les expressions de la lettre peuvent ne pas être toutes identiques; c'est de mémoire qu'on la transcrit, mais le sens est exact; la lettre n'était ni plus courte, ni plus longue.

Page 160.

Le 27, nécessairement le soir après le premier combat, le colonel Marion demande des cartouches; le 28 même demande; le 29, il ajoute : « Il est bien temps de nous envoyer des cartou-
« ches. » Mais le général Berthezène rapporte lui-même l'avis au colonel Marion, daté du 26, de la ferme de l'aga, l'avis, disons-nous, du contre-

temps arrivé au convoi. Cette lettre est arrivée par un marabout, le 27 au point du jour à Médéah ; il a donc su, le colonel Marion, dès le 27, jour de son premier combat, que les munitions de précaution qu'on devait lui expédier de la ferme, n'y étaient pas arrivées ; que par conséquent il ne fallait pas y compter, avant l'arrivée à Alger ; tout cela ne se dit pas dans une lettre qui peut-être interceptée. Comment avec ces données, que nous prenons dans les documens fournis par l'auteur, ne lui est-il pas venu dans la tête, que la série de lettres depuis le le 27 n'a été écrite que sous l'empire d'une forte préoccupation bien facile à justifier, même dans la personne du colonel Marion, officier supérieur très distingué ; de plus la troupe avait plus de cent coups par homme ; avec un pareil nombre de cartouches bien ménagées, on peut combattre long-temps. Le général Berthezène n'a-t-il pas lui-même fait son voyage à Médéah, avec trente cinq cartouches par homme, sans croire faire une imprudence ?

Chapitre 2 de la page 164 jnsqu'à la page 191 exclusivement.

Bien des choses sont indiquées dans ces six pages, mais rien n'y est développé ; il faudrait un bien gros volume, pour répondre à ce qu'a voulu dire, mais à ce que n'a pas dit l'auteur général et gouverneur ; à toutes ces insinuations peu bienveillantes, il n'y a qu'une seule chose à répondre sous la forme d'une question : qu'avez-vous fait en dix-huit mois ?

sans doute, le peu d'organisation qu'a donnée le général Clauzel à Alger, n'est ni tout ce que l'on doit faire, ni le mieux qu'on peut faire. Mais le général Clauzel assure que ni le général Berthezène, ni personne encore, ne sait ce qu'il faut faire pour établir à Alger, une administration civile, judiciaire, un Code civil, en lois homogènes, régissant, on ne dit pas tout le royaume, mais seulement les villes.

Vous avez à combiner trois élémens qui n'ont guère d'affinité entr'eux. Les Juifs, et leur bible qui les régit; les maures et le Coran qui les gouverne, les Français et leur Code; rien de si facile que de faire entrer les Juifs dans tous nos systèmes administratifs et judiciaires; leur secte en France, les a tous conquis à la civilisation moderne. Restent donc le Coran et le Code civil; certes il ne faut rien brusquer, mais il faudra qu'à la fin, l'un cède à l'autre jusqu'à fusion complète; il y aura des froissemens inévitables, et peut-être quelques injustices particulières, qu'on ne pourra pas toujours réparer. Le parti qui est destiné à céder, ne cédera qu'alors qu'il sera bien convaincu de ne trouver une complète garantie que dans les lois communes aux conquérans et aux conquis. Que le général Berthezène réfléchisse; qu'il nous donne imprimée sa théorie. On la recevra comme un bienfait Tout s'arrangera à la fin sans doute comme du temps des Scabins, dont-il nous parle, mais ce ne sera pas avec les réflexions consignées dans les pages de 164 à 171.

Il ne sera plus besoin d'invoquer le souvenir des

Scabins, présidés par des comtes qui n'avaient pas voix délibérative, qui n'étaient que les portes-voix des Scabins. Mais par compensation, vous aurez à Alger, pour juge ou pour présidens ayant voix délibérative, des sectateurs du coran, de la Bible et de l'évangile, mais dûment gradués, dans une université de France, jusqu'à ce qu'on en ait établi une dans le royaume d'Alger.

La ferme modèle est malsaine : rendez-là salubre, en donnant de l'écoulement aux eaux marécageuses. Est-ce que les villes seraient habitables, si vous ne donniez pas de l'écoulement à toutes les immondices liquides, si vous ne les débarrassiez pas des fumiers pestilentiels solides ?

Page 177.

Il faut avoir une forte démangeaison de dénigrer pour rapporter avec l'air de la conviction, que l'on proposait dans la commission d'enquête, de soumettre les accusés à la torture; lorsqu'il n'y a jamais eu d'accusés, lorsque la commission n'a eu pour but que de se procurer des renseignemens pour chercher à connaître le nom des personnes soupçonnées du vol du trésor, lorsqu'on n'a jamais appelé que les témoins signalés par le bruit public pour connaître les dilapidateurs, et qu'on ne leur a jamais fait d'autres questions principales que celles-ci : « Que savez-vous sur les dilapidations qu'on « prétend avoir eu lieu au trésor de la Casauba ».

Le général Berthezène, savait cela, avant de commencer son livre; ainsi, c'est sciemment qu'il s'est rendu l'écho, s'il ne les a inventés, des bruits dignes de commères d'une petite ville.

Page 174 jusqu'à 182.

Toutes les pages citées ont rapport à un double traité fait par le général Clauzel et les députés du bey de Tunis, pour l'occupation de Constantine et d'Oran.

Il est dans la destinée du général Berthezène de fournir les moyens de réduire à l'absurde, ses propres observations sur le général Clauzel; il l'accuse d'avoir fait supprimer, au grand déplaisir de la cour de Tunis, la nécessité de l'approbation royale. Et cependant la cour de Tunis fait occuper Oran, malgré ce grand déplaisir. Le gouvernement n'approuve pas le traité; il lui avait donc été envoyé, comme il le fut le lendemain de la signature. Plus tard, le gouvernement veut renouer les négociations, et sur les mêmes bases. Le gouvernement avait donc agi un peu légèrement, en ne proposant pas pendant l'occupation des Tunisiens, quelques modifications au traité, au lieu de le rejeter sèchement. Si le général Berthezène, n'avait dit, mais comme en passant, qu'il était utile que les Tunisiens occupassent Oran, nous lui aurions rappelé la lettre dont on joint ici la copie, pour servir d'aliment à ses méditations.

Lettre du général Berthezène au général Clauzel, à Paris.

« Alger, 20 mars 1831.

« Mon général...... et dans mon opinion, et je l'ai
« dit clairement au gouvernement, dans ma dépê-
« che du 21 février, et dans celles du 8 et 17 mars,
« il y a nécessité de sanctionner les stipulations que
« vous avez faites avec le bey de Tunis, pour la
« province de Constantine et d'Oran, à moins de
« voir tomber dans les mains des Maroquins, cette
« dernière ville et par suite toute la province, ce
« qui rendrait notre position à Alger difficile, par-
« ceque le voisinage de *Muley-Aly*, occasionnerait
« infailliblement l'insurrection des tribus de la
« montagne, et donnerait plus d'activité aux intri-
« gues de la ville.

« Dans une dépêche télégraphique que j'écris au-
« jourd'hui, je dis au ministre de la guerre, que je
« partage l'opinion du consul francais à Tunis, qui
« regarde cette mesure comme la plus utile et la
« plus patriotique, et j'ajoute qu'il rendra un ser-
« vice à l'état, en faisant prévaloir cette opinion
« dans le conseil du roi. Voilà mon avis ».

Après avoir approuvé si formellement en février
et mars 1831, ce n'est pas très-logique que d'épiloguer en 1834, un traité dont on a demandé la confirmation et le maintien à cors et à cris.

Que serait-il arrivé, il faut le demander à tous,

et au général-auteur le premier, si comme le voulait une décision du 25 novembre, les forces pour
occuper la régence d'Alger eussent été réduites à
dix mille hommes, ou mieux à six ou sept, comme
le prescrivait la décision du 30 décembre. Voilà,
puisqu'on y est, l'explication de l'évacuation de Médéah, que le général Clauzel aurait conservé s'il
était resté gouverneur avec seulement quinze mille
hommes ; et dans cette hypothèse on verrait ce que
serait aujourd'hui en 1834, la plaine de la Mitidja.

Voilà encore l'explication de la hâte qu'on a mise
à conclure ce traité avec Tunis pour Oran et pour
Constantine, et à passer immédiatement à l'exécu-
tion. Aujourd'hui, l'opinion est tellement fixée sur la
nécessité et l'opportunité de ces deux négociations,
qu'on est fondé à croire que le gouvernement serait
loin de s'y opposer.

Dans une note, le général Berthezène convient
qu'il avait eu tort de dire au colonel d'état-major
Aupik : « Si j'avais été général en chef, je serais devant le fort l'Empereur, » et ce tort, il faut l'attribuer
à la circonstance, dit-on, qu'il ignorait, que les
moyens de transport n'étaient pas arrivés, puisqu'ils
étaient encore en mer. Mais grands Dieux ! pourquoi se placer par l'imagination dans une position
où on n'a pas voulu vous mettre ! Pourquoi en parler au public ? Pourquoi grands Dieux ! traiter une
question, l'imprimer sans la connaître ? L'impa-
tience atrabilaire du misanthrope à l'égard d'Oronte, sur la manie, sur la démangeaison de se faire

imprimer sans y être obligé, se justifieraient par le seul imprimé du général Berthezène.

Ce n'est pas chose à désirer, que de se trouver enveloppé dans les conseils que le misanthrope donne aux ridicules d'Oronte.

Chapitre 3, page 183.

Arrivée du général Berthezène à Alger.

Dans le premier chapitre de la première partie, l'auteur annonce qu'il va raconter ce qu'il a vu, de ses propres yeux vu, *ipse vidi;* la grosse part qu'il a eue à tout ce qui s'est fait de grand, de beau, *magna* sous-entendu quoique supprimé par modestie.

Dans le premier chapitre de la deuxième partie, où il va parler des autres particulièrement, la justice veut qu'il soit vrai, mais une certaine pudeur d'homme de bien, lui défend de dire les choses trop clairement, trop nettement : on se doit à certains ménagemens; mais la justice, mais la vérité avant tout, c'est en réalité une position fort embarassante, et la dévise au figuré, est justifiée : *incedo per ignes.*

L'épigraphe du troisième chapitre de la deuxième partie, sonne ainsi :

Quod non jactantiá, sed veritatis jure refero.

Ce n'est pas pour me vanter, non, mais pour rendre à la vérité un hommage obligé, un hommage à la justice qui m'est due. Des trois épigraphes, la première et la troisième servent à orner l'inscription des bas-reliefs du piédestal de la statue qu'il s'est elevée. La deuxième, on l'a déjà dit, a certifié des ménagemens qu'il s'est imposés, tout en ne cachant pas la vérité.

Ce chapitre est une seconde édition de tout ce qui a été dit dans la première partie, et dans le commencement de la deuxième, sur toutes les fausses mesures judiciaires, militaires et administratives prises à Alger par le général Clauzel. Nous n'y reviendrons pas, mais comme au milieu des redites il se trouve par ci par là quelque chose de nouveau, nous nous y arrêterons à mesure des rencontres.

Le général Clausel n'eut pas le temps d'organiser les Parisiens, qui arrivèrent en février ; mais il n'a jamais douté de ce qu'on pouvait faire des Parisiens. Tous ayant plus ou moins odeur d'artiste, tous un peu de la verve des ateliers, lui rappelaient fort bien la brave et fameuse demi-brigade toute composée de Parisiens sans exception, qui avait une si excellente musique, bon nombre de peintres décorateurs, une fort bonne troupe de comédiens; de jeunes fourriers jouaient à faire illusion les Aménaïde, et les Alzire ; les Zamore et les Tancrède se trouvaient dans tous les rangs et dans tous les grades. Le jour du danger, ils étaient tous soldats !

Pages 186 et 187.

Citez donc les noms des spoliateurs et des spoliés de vive force ou par des violences morales : tout cela n'est rien dire sans noms et sans choses.

Les maisons étaient déjà bien endommagées avant l'arrivée du général Clauzel, les arbres avaient reçu de rudes atteintes. Pourquoi le général Berthezène n'avait-il pas empêché ces dégradations dans sa propre division ? on ne pense pas qu'il ait voulu dire qu'elle seule avait respecté et les demeures et les arbres. Au reste, de pareils désordres se renouvelleront toutes les fois qu'on ne tiendra pas les troupes dans un camp ou dans une caserne, alors que les soldats sont obligés d'aller chercher à une lieue et plus, le bois pour la cuisson des alimens et de le rémonter à dos sur des montagnes très raides.

Le général Clauzel avait remedié à la destruction totale des arbres, en faisant faire toutes les distributions dans des maisons très rapprochées des cantonnemens, où il avait fait établir des employés pour la réception de toutes les consommations. Pourquoi le général Berthezène n'a-t-il pas demandé au général Bourmont, d'ordonner une pareille mesure, qui aurait prévenu et la coupe des arbres et la destruction des maisons, dont on attaquait d'abord le bois?

Le général Berthezène arriva tout préoccupé de la douceur et de la justice de Jugurtha, mises en lumière, et qui lui avaient été particulièrement révélées par Saluste. Il voulut être le nouveau Jugurtha de l'Afrique, et il nous apprend à deux pas, pag. 91, qu'il a fait pendre un Maure, qui pendant le Ramadan avait frappé un soldat; mais il ne nous dit pas si le soldat avait été l'agresseur, et si le Maure, dans un premier mouvement, n'avait fait que répondre par un

coup de poing à un coup de pied, parce qu'il ne faisait pas assez vite place à un soldat pressé d'arriver au
but de sa course. Jamais aucun détail, jamais aucune
raison pour rien justifier. — Même page il fait appli-
quer le code un peu *draconien* du général Clauzel, qui
pourtant n'a fait pendre personne. Il fallait le modifier ce code, et ne pas faire fusiller, contre sa conscience, d'après un arrêté qui ne proportionnait
pas la peine au délit, ou tout au moins, il fallait
commuer la peine, si on avait voulu laisser subsis-
ter sur le code la terreur des peines.

Ainsi un pendu, pour avoir battu un soldat, des
Turcs déportés, on ne sait trop pourquoi, des Arabes bâtonnés et bannis, on ne sait pour quelle
faute, furent ces moyens de justice qu'employa *Jugurtha, deuxième du nom*, pour rétablir la tranquil-
lité qui ne fut que momentanée, et obtenir comme
Dessaix en Egypte le surnom de Sultan-le-Juste.

Comment la police faite par les el-caschena entre
la Hamise et l'Arach, a-t-elle pu soulever la cupidité de quelqu'un à Alger? On n'aperçoit pas facilement le motif de cette cupidité dépitée, qui s'élève
contre le système du général Berthezène; il fallait
se donner la peine de rapprocher les objets de la
courte vue du vulgaire.

Puisque tout avait été organisé sans prévoyance,
sans la connaissance des hommes, des choses et des
mœurs du pays, pourquoi n'avoir pas porté la hache
sur cet amas monstrueux et incohérent d'arrêtés
administratifs, judiciaires et législatifs? Il faut renon

cer à invoquer la fixité d'une législation dracon-
nienne, qui était essentiellement provisoire, qui
n'avait que six mois d'essai. On croirait, en vérité,
à l'importance qu'on met à invoquer la fixité, qu'il
s'agissait de réformer la constitution des trois royau-
mes d'Angleterre. La vérité est, général Berthezène,
que vous avez tout laissé dans l'état où le général
Clauzel l'avait mis, et vous ne vous êtes résigné à ce
parti, qui coûtait à vos prétentions au titre d'homme d'État, que parce que vous n'aviez rien de mieux
à substituer. Et le général Clauzel vous prédit que
de long-temps, on ne s'aura créer à Alger des institutions stables et de longue durée. Faut-il conclure
de cet aveu à l'abandon d'Alger? Non.

C'est ici la place d'une observation qui, quoique
vulgaire, peut fort bien être répétée. Il existe
trois ou quatre dogmes politiques, qui, ballotés
dans la boîte osseuse destinée à couvrir et à renfermer une cervelle humaine, défraient tous les légis-
lateurs légaux et par état. La combinaison de ces
trois ou quatre dogmes satisfait à quelques exigen-
ces, et, selon l'opportunité, en faisant un choix,
les écarte toutes, avec une logique d'autant plus
sûre que ces dogmes ne s'accordent pas. La fixité est
un des premiers. Il est à l'organisation politique ce
qu'est le baptême au catholicisme. Mais avec la fixité, il fallait rester Gros-Jean : mais en réparation
des atteintes portées à ce dogme, il faudrait revenir Gros-Jean comme devant.

Page 194.

Il fallait que l'auteur donnât les modifications opérées, si elles ont eu lieu, tandis qu'il ne donne que des nouvelles mesures, probablement bonnes, applicables à de nouvelles choses, Ce n'est pas modifier que de créer une législation qu'appellent de nouveaux rapports sociaux.

La défense de l'exportation des blés d'Oran, pour des ports autres que ceux d'Alger et de France, ne pouvait être que momentanée. Pour calmer l'imagination vagabonde de l'auteur, on peut lui dire sans indiscrétion qu'il était venu de l'administration de France, des avis, qui, bien interprétés, voulaient dire : si la suspension d'exportation des grains d'Oran pour pays étranger, peut avoir lieu sans inconvénient pour l'armée, elle ne sera pas hors de saison, pour le midi de la France, pendant quelque temps; et cette considération n'est encore que secondaire : en effet, il entrait dans les stipulations du marché Seillière, de suspendre la libre exportation d'Oran, jusqu'au complément de sa fourniture.

Page 196.

L'arrêté du 26 février pour la construction, hors des murs d'Alger d'une tuerie, cinq jours après le départ du général Clauzel, était probablement même libellé avant l'arrivée du général Berthezène. Le général Clauzel, par courtoisie, aura voulu laisser à son successeur *la gloire* de commencer son premier acte administratif, par une mesure de la plus haute importance, puisqu'elle se faisait sentir depuis la fondation d'Alger, où l'on n'avait abattu la viande de boucherie, que dans les rues, ou sur les seuils des portes de la ville.

Le général Clauzel avait demandé un officier du génie maritime : peut-être était-il arrivé avant son départ : dans toute hypothèse, le général Berthezène a profité des talens d'un ingénieur, dont le général Clauzel avait sollicité l'envoi à Alger.

Pages 198—199.

Avant son départ, le général Clauzel avait désigné un camp à établir ; le général Berthezène a choisi, on le pense du moins, un autre emplacement. Peut-être le deuxième vaut-il mieux que le premier. C'est chose à vérifier et à décider en voyant les lieux. Car il ne faut jamais prononcer au hasard sans les données nécessaires.

On avait fait fermer la mosquée de la place, parce qu'elle devait être démolie. A l'époque du Ramadan, le muphti et d'autres prêtres turcs vinrent demander d'y faire, pour la dernière fois, les prières du Ramadan. Cela fut accordé avec la condition expresse, qu'elle serait refermée, et les clés remises à l'administration municipale, après le carême turc. L'auteur-gouverneur s'est créé une petite chimère, pour prouver qu'il a su la déjouer, sans avoir besoin

de la combattre; à une gaucherie du général Clauzel,
succède toujours un à-propos réparateur du général
Berthezène.

Page 200.

On lit en marge : injustice des plaintes des colons,
et des attaques de l'opposition. Et le paragraphe fi-
nit ainsi : ces cris de cupidité se traduisent naturellement par ce peu de mots : «Ici (lettres italiques),
on n'a rien fait. Car on a refusé de nous servir de
compère. » Il fallait dire, qui avait proposé au général Berthezène, lieutenant-général, pair de France, gouverneur d'Alger, et dans l'avenir, que sait-
on, de l'élever à la dignité de *compère,* qui, dans
l'acception que semble lui donner le général-gou-
verneur, n'est pas de très-bon lieu. Toutes réflexions
faites, il faudra solliciter, de l'Académie française,
sa sanction pour la nouvelle acception de commère
qu'il faudra faire des deux genres, s'appliquant également à l'homme et à la femme, qui parlent à tort
et à travers avant de penser, et qui ramassent des
bruits dans la rue, où ils seraient restés sans eux,
pour les propager ailleurs et dans toutes les directions.

Page 201.

L'auteur a pu voir, par sa propre expérience, qu'il
n'est pas aisé de distinguer les propriétés domania-
les de propriétés particulières. Ce n'est qu'en forçant
les possesseurs, dont le droit de propriété est si-

gnalé comme douteux par l'opinion, à montrer leurs titres, qu'on est parvenu à pouvoir entrer en possession d'une partie des biens domaniaux. Sous le général Clauzel , on n'a jamais refusé de rendre au vrai propriétaire, la propriété dont le domaine s'était servi, ou indûment emparé.

Page 202—203.

Si le gouvernement avait fait l'honneur au général Clauzel de lui continuer ses fonctions à Alger, bien certainement, ou il les aurait refusées , ou il aurait été autorisé à faire donner jusqu'à production des secours en pain et en viande , à tout colon travaillant de ses bras le terrain qu'on lui aurait concédé. Nos compatriotes qui seraient venus fertiliser de leurs sueurs la terre d'Afrique, auraient été traités juste comme ceux qui ne l'étaient pas. On demande grandement pardon à la philantropie spéciale du général Berthezène , de ne pas penser comme lui; il y avait tant d'autres moyens de prouver à nos compatriotes, que le même sang coulait dans toutes les veines des hommes portant le nom de Français, sans avoir recours à une partialité, que repousse et un même travail et une même misère. Le général Clauzel ne le remercie pas, d'ailleurs, de son projet de silence. Quelle réserve! mais, au contraire, c'est parler qu'il faut.

Les Mahométans, du moins Africains, du moins Algériens, ne peuvent vendre leurs biens , mais seulement les louer à pérpétuité ; ce qui explique tout naturellement, le général Berthezène en conviendra, en y réfléchissant, qu'il serait difficile qu'ils touchassent le prix d'une vente qu'ils ne font pas. Pour être en règle à leur égard, il faut payer exactement le fermage.

Tâchez, général Berthezène, de déterminer les Turcs à faire autrement, à transmettre leurs propriétés à la manière du code civil, et vous leur aurez fait faire un pas immense au devant de nos institutions européennes.

Page 213.

Le général Berthezène a remarqué que le plateau du Télézit, où il est allé en expédition, est élevé de 1192 mètres au-dessus du niveau de la mer ; voilà des mesures exactes, il n'a donné que par approximation celle du Tœnia (500 ou 600 toises), mesure, et pour l'espèce, et pour l'exactitude assez sans façon, puisque le chef de bataillon Filhon, a mesuré les deux hauteurs, et que sûrement, il les aura communiquées au général Berthezène, d'après le système légal de la France. Mettons seulement, pour ne rien hazarder, 551 toises pour le Tœnia, que résulte-t-il de ce fait ? C'est que le Télézit est plus élevé que le Tœnia. Eh ! bien, lorsqu'ils seront appelés par la conscription, on mettra le Tœnia dans les voltigeurs, et le Télézit dans les grenadiers, en surnommant le plus petit Clauzel, et le plus grand Berthezène.

Page 214.

Il est probable que si les tribus de Beni-Salaha et leurs voisines, n'eussent pris la fuite, elles auraient eu le sort de leurs arbres fruitiers. Les résolutions de la philanthropie de cabinet, éprouvent en plein air, à l'aspect de choses qui indignent, des modifications que l'humanité ne saurait avouer. Le Jugurtha renouvelé des Latins a, comme bien d'autres, été forcé de laisser faire à l'indignation du moment, ce qu'il aurait empêché dans un autre plus calme.

Jusqu'à la page 234, le général écrivain revient à la partie scientifique, pour prouver que la Mitidja n'a jamais été fertile. Tacite, Salluste, Strabon, Ptolémée, Procope, sont mis à contribution pour prouver, chacun dans une ligne, l'infertilité de la Mitidja, qu'aucun ne nomme. Le général auteur procède par exclusion, faute de mention par Strabon, Ptolémée, et Procope; l'auteur traduit ou indique les chapitres. Dans le premier moment, l'ignorance du général Clauzel de la langue grecque le faisait s'écrier, en voyant citer tant d'auteurs grecs, dont il s'attendait à voir les textes:

Excusez-moi, monsieur, je n'enteuds pas le grec.

Heureusement le général Berthezène a traduit en français les petits bouts de ce grec, et renvoyé, pour les grandes citations, au chapitre des auteurs.

Au fait, nous avons été d'abord effrayés de l'érudition du général auteur. Voilà bien des loisirs, avons-nous dit, employés à compulser, on ne sait combien d'auteurs grecs et latins. Vérifier tout cela.

était chose au-dessus de notre portée ; mais le hasard a fait tomber entre nos mains l'ouvrage du docteur Shaw, traduction de Lahaye, 1747, et nous y avons trouvé toutes les citations du général écrivain, au milieu de textes innombrables, tassés et empilés, en original et en traduction. Il fallait faire honneur au docteur de cet immense amas d'érudition, dont on peut faire son profit, mais en faisant connaître sans prétention les sources où l'on a puisé son savoir.

Nous avons remarqué, en passant, que le docteur Shaw n'affirme rien de ce qu'il n'a pas vu : il discute toutes les autorités anciennes, pour connaître l'Afrique des temps anciens et des temps modernes, et il paraît entrer en grand souci, de ne pouvoir les accorder ensemble, pour prononcer avec certitude sur des points importans de géographie et de statistique : de ces doutes du haut savoir, le général Berthezène a conclu à l'affirmation. La courtoisie du chevalier hypercritique aurait dû rapporter de Shaw de simple paroles qui peuvent être favorables à son adversaire le général Clauzel, et ces paroles sont : *la belle plaine de la Mitidja*, sauf à prouver que le voyageur ne s'est exprimé ainsi que par manière de conversation.

Page 234.

Le général Berthezène nous initie dans ses opérations de retraite de Médéah. Il part de cette ville à cinq heures du soir et va bivouaquer à huit à la vallée des oliviers. Pardon, mais ce n'est pas ainsi qu'il fallait faire, pour agir militairement. Mais il fallait partir de Médéah avant le jour, c'est-à-dire à trois heures du matin; à six, on eût été au pied du revers méridional du Tœnia, à la vallée des oliviers; là une halte, et avant huit heures, on eût été en position au col, où on se serait reposé jusqu'à 5 heures. On eût évacué le sol, et à l'entrée de la nuit, on serait arrivé autour de la ferme, où très près en communication avec elle.

L'auteur, familiarisé avec tous les écrivains de l'antiquité, aurait dû se rappeler ce que disait Sertorius en parlant de Pompée, que Sylla envoyait combattre en Espagne l'ancien partisan de Marius; nous ne rapportons pas les paroles *sacramentelles*, ce ne seraient peut-être que des souvenirs confus de collége; mais avec plus de mémoire, le général gouverneur n'eût pas bivouaqué dans la vallée des oliviers, dominée par des montagnes non gardées. Il faut regarder toujours derrière et au-dessus de soi dans les défilés. On ne s'avise jamais de tout. Il est passé en axiôme militaire, que le meilleur général est celui qui commet le moins de fautes; au bout du compte ce n'est là qu'une faute, quelles que soient ses dimensions, et nous ferons mieux une autre fois.

La précaution de ne pas tirer pendant la marche forcément exécutée de nuit sous les coups de fusil qui l'accompagnaient des hauteurs dominantes, était doublement utile, d'abord et principalement, en n'indiquant pas de direction aux feux ennemis, et en ménageant les trente-cinq cartouches par homme, que le général Berthézène avait portées d'Alger, qui déjà étaient réduites par les combats en avant de Médéah. Cet approvisionnement paraît un peu exigu, pour la longueur de la course, la délicatesse des circonstances survenues inopinément, et aussi pour le projet qui a été réalisé de faire une reconnaissance à six lieues au sud de Médéah.

Page 237.

Si dans la retraite on eût dirigé deux bataillons ou même un seul, par la hauteur à droite, en descendant vers le nord, on n'eût pas été talonné à la sortie du col, et la panique eût été évitée.

Elle a dû se prolonger un peu plus de temps que ne le croit le général, cette panique. Elle a commencé au col, à l'arrière garde', et s'est propagée à toutes les troupes. C'est un fait que constate le général Berthézène; mais un autre non moins constant, quoiqu'il n'en parle pas, c'est que les troupes en désordre, se sont ralliées derrière un bataillon de trois cents hommes, commandé par le chef de bataillon Cassagne, qui avait été laissé à la ferme de l'aga, et qui était accouru en toute hâte, avec le gros de son monde, au-devant de la division, à une petite demi-lieue de son poste, et y était accouru sur les rapports alarmans des premiers fuyards de la tête de la colonne. Alors on se demande où étaient les myriades de cavalerie qui, au dire d'un officier d'état major, attendaient la division à son débouché dans la plaine. Le général gouverneur ne nous dit même pas ce qu'elle est devenue, si elle s'est éparpillée dans toutes les directions, pour disparaître sans éclat, où si elle en a pris une ou deux en masse compacte par colonnes. Mais dans cette fâcheuse expédition et dans tout ce qui s'y est rattaché, notre général auteur semble vraiment n'avoir pris que le contrepied des bonnes directions.

Page 239.

La presse parla du massacre des artilleurs, et donna des rapports sans signatures, rapports partis d'Alger, à l'adresse de quelques journaux, et aussi à d'autres personnes; le général Berthezène peut vérifier, aux bureaux *du Temps*, si quelqu'un de renom, auquel on avait adressé un des comptes rendus, ne l'a pas remis *au Temps*, en original ou par extraits; on se contenta de faire insérer dans les journaux, que l'événement dont on parlait, était en effet vrai et très malheureux, et qu'aussitôt que les personnes qui avaient fait les rapports, voudraient joindre à leur compte rendu, l'autorité de leurs noms en le signant, on répondrait; il n'en fut plus question. Si on a parlé plus long-temps de la panique du général Berthezène, c'est que dans le premier moment de sensibilité, et par trop indigné des causeries de ses troupes, il s'est laissé aller à rendre un ordre signé de lui, qui défend de plus parler de cette affaire, sous peine d'être renvoyé d'Alger. Les journaux, qui se sont institués les défenseurs de toutes les libertés, n'ont vu là qu'une atteinte portée au droit qu'a chacun, dans un gouvernement représentatif, de s'emparer d'un fait ou d'un acte, de le discuter, de l'approuver ou de le condamner à ses risques et périls. Par des motifs qu'on ne saurait déduire ici, les journaux ont jugé à propos de ne pas parler de l'ordre sus-mentionné, mais ils ont voulu se dédomager de ce silence imposé par eux-mêmes, en poursuivant peut-être trop long-temps leurs attaques contre les opérations principalement militaires du général-auteur : ils ont connu le faible du général et sa partie sensible, ils ont voulu lui faire payer l'ordre d'exclusion, dont ils ne voulaient pas parler. C'est leur affaire que l'intensité et la prolongation de leurs attaques.

Page 240.

La ferme modèle, dit l'auteur, est une mauvaise position, qui ne défend rien, qui ne couvre rien, dominée au nord ; le Blokhause, qui occupe la position culminante ne voit pas l'espace intermédiaire entre la ferme et lui, et cependant cette ferme, on la prend sans cesse pour le point central des opérations défensives ; il fallait mieux trouver ; le temps n'a pas

manqué aux recherches. L'observation sur le Blokhause a-t-elle quelque valeur ? mais une autre place
intermédiaire, entre le premier et la ferme, levait
l'objection. Général Berthezène, il fallait l'y ériger.
Les Blokhauses en magasin, ne vous manquaient pas
à Alger, et toutefois la position ne vous a pas semblé
si mauvaise à votre retour de Médéah, puisque là,
seulement, il vous a été permis de respirer depuis
votre course en retraite si précipitée. La ferme modèle a été votre point de ralliement ; elle vous a
donc été utile

Page 246.

Le général Achard, parti des positions à la droite
du fort l'Empereur, sur la route de Choléah, vint se
joindre aux troupes de l'expédition de l'Atlas, par
la ligne droite, à un point entre les puits et le défilé, en avant de la ferme-modèle. Il serait arrivé
bien plutôt au débouché méridional du défilé, si on
avait voulu l'y diriger. Qui empêchait le général
auteur de prendre des informations ? Les chefs du
génie et de l'artillerie, et tous les chefs de corps
connaissaient le fait : non, point de traditions des
prédécesseurs ; ils n'ont rien su, rien connu :
créons.

Page 266.

Le sixième et dernier chapitre, de la seconde
partie est tout entier consacré à Oran et aux pièces
justificatives ; le général Clauzel a peu à dire sur

Oran, tout lui en est étranger, à l'exception de cè qui peut avoir rapport aux Tunisiens et à leur dé-nûment. Le général auteur ne pense pas, sans doute, que le gouverneur d'Alger dût remettre au Caïmacan Kerédin-Aga, lors de son passage à Alger pour sa destination, des meubles pour le palais futur du bey à Oran, de l'argent pour sa représentation, et pour la solde de ses troupes ; pour le reste du cha-pitre jusqu'aux pièces justificatives, que la terreur et la finesse s'arrangent avec l'auteur.

Nous voilà arrivés à la fin de notre travail assez fatigant, puisqu'on n'a guères pu s'attaquer qu'à des ombres, au lieu de saisir corps à corps des réalités. Cette manière d'attaquer très facile, rend la défense diffuse et sans vigueur, et laisse aux yeux mal exer-cés l'apparence de la supériorité à l'attaque ; elle se perd cette attaque dans l'espace non résistant. Nous avons cherché à forcer l'aggresseur à se renfermer dans le cercle étroit, que nous avons tracé autour de lui ; nous lui avons dit, comme nous le répétons encore : précisez vos faits, ils ont des auteurs, des conseillers, des complices, si vous le voulez ; nom-mez les faits, il faut les spécifier, un à un, tout juste comme dans une cour d'assises, puis que vous rem-plissez les fonctions de juge instructeur ou d'accusa-teur public. On a pillé des magasins ? dites, ils étaient là, M. un tel en était le gardien, M. un tel en était le surveillant, tout a disparu, sans qu'on sache comment ; ici MM. tels et tels auront à répon-dre. Vous insistez ; on a fait des injustices criantes, dites-vous ! Quelle ? nommez les personnes qui en ont été l'objet. Qui les a ordonnées ? Qui les a conseillées ? Qui les a souffertes, les pouvant empêcher ou reprimer ? Et ceux-là auront à répondre à leurs risques et perils.

Quelle est cette manière d'attaquer par des insinuations, qui joignent la perfidie à une hypocrisie pateline ? Quelle est cette manière qui affecte des ménagemens, qui ne sont ni dans le cœur ni dans le style de celui qui lance ses insinuations dans un pamphlet? Le général Berthezène veut-il la guerre avec le général Clauzel, qu'il la déclare franche et nette et qu'il porte des coups de bon aloi; à des expressions irritantes, on a dû en opposer de même nature, que le maréchal Clauzel fait siennes, puisqu'il répond par l'intermédiaire de son chef d'état-major.

Le général Berthezène, lui, si sensible sur les enquêtes, honorables pour ceux qui en sont chargés lorsqu'elles sont publiques, a-t-il bien réfléchi à ce que proclame son livre? Eh bien ! il semblerait proclamer qu'il n'a été envoyé à Alger, que pour faire en secret, sous le masque de gouverneur, une de ces investigations qu'on ne délègue pas ordinairement à de si hauts personnages; voilà pourtant à quoi mène un pamphlet inconsidéré ; mais repoussons une pareille idée, et disons seulement avec quelqu'amertume : voilà, dans l'âge mûr, une imprudence de jeunesse. Au reste, il a pu fouiller à loisir dans tous les papiers du gouverneur d'Alger, les commenter

et les faire commenter. Il a pu interroger gens bien-
veillans ou non, flatteurs, hommes francs et sincè-
res. Tout, il a pu le vérifier, l'éclaircir, qu'il parle
nettement, hautement, sur les toits. C'est ce que
demande le maréchal. Il est prêt à répondre à tout
et sur tout.

C'est trop long-temps s'irriter, il faut rentrer
dans les expressions propres au sujet. De tout ceci,
et pour imiter la manie de l'écrivain, nous finirons
cette polémique, en empruntant au latin, passion
de l'auteur du pamphlet, une réponse qui caracté-
rise assez bien et l'attaque et la défense :

Qu'est il né de tout cela ? *Ridiculus mus.*

FIN.